Erich Kirchler, Andrea Schrott • Entscheidungen in Organisationen

W0105657

Arbeits- und Organisationspsychologie 4

Erich Kirchler, Andrea Schrott

Entscheidungen in Organisationen

WUV

Die Deutsche Bibliothek – CIP-Einheitsaufnahme

Kirchler, Erich:
Entscheidungen in Organisationen / Erich Kirchler, Andrea Schrott. -
Wien : WUV-Univ.-Verl., 2003
(Arbeits- und Organisationspsychologie ; 4)
ISBN 3-85114-629-8

© 2003 Facultas Verlags- und Buchhandels AG
WUV-Universitätsverlag, Berggasse 5, A-1090 Wien
Alle Rechte, insbesondere das Recht der Vervielfältigung und der Verbrei-
tung sowie der Übersetzung, sind vorbehalten.
Umschlagbild: PIX_Bildagentur
Umschlaggestaltung: A+H Haller
Satz: grafzyx.at
Druck: Facultas AG
Printed in Austria
ISBN 3-85114-629-8

Vorwort

Im Betrieb sind ständig Probleme zu lösen und Entscheidungen zu treffen. Auch Führung verlangt den Mut zu Entscheidungen. Gerade im wirtschaftlichen Kontext sollten optimale, zumindest aber zufriedenstellende Alternativen gewählt werden, die auch langfristig positive Entwicklungen fördern. Trotz bester Absichten und hohen Engagements ist es im Dschungel des Betriebsalltages nicht leicht, den erfolgreichsten Weg zu entdecken. Oft drängt die Zeit, die Informationsflut macht es schwer, relevante von bedeutungslosen Nachrichten zu unterscheiden. Manchmal fehlen Informationen, um die Qualität von möglichen Lösungen abzuwägen, oder die Grenzen menschlicher Informationsverarbeitungskapazität erlauben allenfalls gute, aber nicht optimale Entscheidungen.

Für den vorliegenden Band der Reihe „Arbeits- und Organisationspsychologie" wurden, wie bereits für die Bände „Motivation in Organisationen", „Führung in Organisationen" und „Arbeitsgestaltung in Organisationen", „Bestseller" unter den Lehrbüchern danach durchforstet, welche Theorien als besonders relevant gelten, wenn es um die Analyse von Entscheidungen und Lösungsstrategien betrieblicher Probleme geht. ,

Auch dieser Band zielt darauf ab, einerseits einen Einblick in das Wissen über Problemlösungen und Entscheidungen zu bieten und andererseits praktische Implikationen der theoretischen Grundlagen zu beschreiben. Wir wenden uns an Studierende der Wirtschaftspsychologie, aber auch an interessierte Personen in der beruflichen Praxis, die sich einen Überblick über das gängige Lehrbuchwissen verschaffen möchten.

Nach einer Definition von Problemen und Entscheidungen geben wir in diesem Band eine Zusammenfassung der Formen von Gruppen im Betrieb und deren Dynamik. Die zentralen Kapitel beziehen sich auf die Lösung von Problemen, mögliche Fehlerquellen und Strategien zur Fehlervermeidung sowie auf Entscheidungen, Entscheidungsanomalien und Techniken, die zur Verbesserung von Entscheidungen eingesetzt werden können.

Wenn Sie Interesse an Beispielen für Probleme und Entscheidungen im Internet haben, laden wir Sie ein, unsere Homepage: http://www.univie.ac.at /Psychologie/wirtschaftspsychologie/index.htm zu besuchen. Dort finden Sie eine Reihe von Links zu Internetquellen mit Spielen und Beispielen.

Es ist uns wichtig, größtmögliche Fairness in Bezug auf Gleichberechtigung der Geschlechter anzustreben. Ausschließlich aufgrund der leichteren Lesbarkeit haben wir im Text die männliche Form verwendet.

Wir danken unseren Kolleginnen und Kollegen Eva Hofmann, Erwin Kirchler, Katja Meier-Pesti und Stephan Mühlbacher für die kritische Durchsicht des Manuskripts und Elisabeth Höllerer für die Endredaktion des Textes und die Gestaltung der Graphiken. Den Mitarbeitern des WUV danken wir für die stets angenehme und effiziente Zusammenarbeit.

Erich Kirchler und Andrea Schrott   Wien, Jänner 2003

Inhalt

1 Aufgaben

Leitfragen
* Was sind Aufgaben und welche Typen von Aufgaben werden unterschieden?
* Was ist der Unterschied zwischen Problemen und Entscheidungen?
* Was sind Einsichtsprobleme und worin unterscheiden sie sich von komplexen Problemen?
* Welche objektiven und subjektiven Kriterien machen die Schwierigkeit von Problemen aus?
* Welche Kriterien sind für die Schwierigkeit von Entscheidungen verantwortlich?
* Was ist unter Entscheidungsrisiko zu verstehen?
* Wie kann die Qualität einer Entscheidung erfasst werden?

Führungskräfte setzen sich ständig mit Aufgaben in ihrer Organisation auseinander. Viele dieser Aufgaben sind neu, das heißt, es gibt keine Standardlösungen und kein Standardverhalten. Dennoch müssen sie gelöst werden – und zwar „effizient" und „gut", zumeist auch „rasch" sowie nach Möglichkeit, ohne Konflikte zwischen den Betroffenen zu schüren. In manchen Fällen sucht und findet eine Person eine Lösung allein, in anderen gemeinsam mit einer Gruppe von Mitarbeitern oder Kollegen.

Einen Überblick über Formen von Aufgaben liefern die Kategorisierungssysteme von Brandstätter (1987) und McGrath (1984). McGrath (1984, S. 61) unterscheidet acht Formen von Aufgaben, die er nach zwei Dimensionen kategorisiert. Zum einen wird zwischen Aufgaben differenziert, die zu Kooperation oder Konflikten zwischen Personen führen, zum anderen zwischen Aufgaben, die eher auf der Verhaltens- oder auf der Begriffsebene angesiedelt sind. Die acht Aufgabenarten betreffen Kreativleistungen, Probleme, Entscheidungen, kognitive Konflikte, Interessenkonflikte, Machtkämpfe, Leistungsmethoden und Planungsaufgaben (Abbildung 1).

- *Kreativleistungen:* Zur Aufgabenbewältigung ist zunächst die Produktion neuer Ideen notwendig, z.B. bei der Entwicklung einer neuen Produktbezeichnung.
- *Problemlösungen:* In diesem Fall wird nach einer nachweislich korrekten Lösung gesucht, z.B. bei der Auswahl des Anbieters mit dem preisgünstigsten Angebot.
- *Entscheidungen:* Hier soll eine „beste" Lösung gewählt werden, obwohl es keine nachweislich und unmittelbar einsichtig korrekte Lösung gibt. Werthaltungen spielen bei der Bewertung der verschiedenen Entscheidungsoptionen eine wesentliche Rolle, z.B. bei der Auswahl des Anbieters mit dem besten Preis-Leistungs-Verhältnis, wobei die einzelnen Teilaspekte des Leistungsumfanges unterschiedlich bewertet werden können.
- *Kognitive Konflikte:* In diesen Fällen muss zwischen widersprechenden Vorstellungen eine Auswahl getroffen werden, z.B. bei der Auswahl einer Kapitalanlagemöglichkeit, wenn für die einzelnen Optionen unterschiedliche Annahmen über Risiko und den zu erwartenden Gewinn existieren.
- *Interessenkonflikte:* Bei einem Interessenkonflikt liegen unvereinbare Interessen vor, etwa dann, wenn sich Ein- und Verkäufer auf den Preis einer Ware einigen müssen, der eine jedoch versucht, einen möglichst geringen, der andere einen möglichst hohen Betrag zu erzielen.
- *Machtkämpfe:* Dies sind Konflikte, von denen die Machtreihung der Mitglieder betroffen ist, z.B. bei der Auswahl der Mitglieder eines Vorstandes.
- *Leistungsmethoden:* Es geht hier um die Suche nach Wegen, mit denen bestimmte Anforderungen bestmöglich bewältigt werden können, z.B. die Festlegung von Wegen der Informationsweitergabe zwischen Abteilungen, um sicherzustellen, dass alle betroffenen Mitarbeiter ausreichend rasch und umfassend informiert werden.
- *Planungsaufgaben:* Die Aufgabe ist die Entwicklung von Strategien, z.B. bei Einigkeit über das Ziel, den Absatz im nächsten Jahr um zehn Prozent zu erhöhen, aber Uneinigkeit darüber, wie dies zu erreichen ist.

Abb. 1: Aufgabentypen nach McGrath (1984; S. 61)

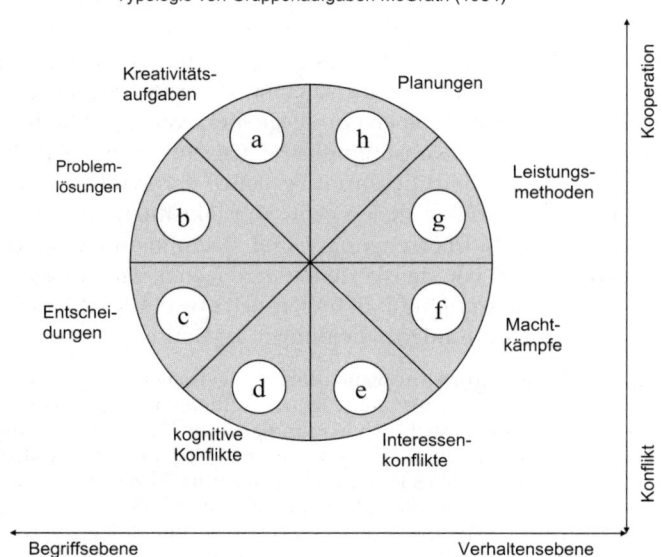

Typologie von Gruppenaufgaben McGrath (1984)

Systematiken in der sozialpsychologischen Gruppenforschung differenzieren häufig zwischen Aufgaben mit einer eindeutig richtigen Lösung (intellektive Aufgaben) und solchen mit keiner verifizierbar korrekten Lösung. Darüber hinaus wird analysiert, wie Individuen für sich und wie zwei oder mehr Personen gemeinsam eine Aufgabe bewältigen. Vor allem dann, wenn mehrere Personen eine Aufgabe lösen, können sie unterschiedliche Vorstellungen über Lösungswege und Ziele haben. Dann ist außer der Lösungssuche auch der Umgang mit Meinungsverschiedenheiten oder Konflikten mit zu bedenken. Brandstätter (1987; siehe auch Kirchler, Rodler, Hölzl und Meier, 2000) bezeichnet Konflikttypen mit eindeutig richtiger Lösung als Wahrscheinlichkeitskonflikte und solche mit keiner verifizierbar korrekten Lösung als Wertkonflikte. Davon unterscheidet er Aufgaben, die aufgrund von Verteilungsansprüchen in der Gruppe Ratlosigkeit oder Dissens auslösen (Verteilungskonflikte).

> **Die sozialpsychologische Gruppenforschung untersucht die Lösung von Problemen und Entscheidungen.**

- *Wertkonflikte* bestehen dann, wenn grundlegende Zieldifferenzen zwischen den Partnern bestehen. Es geht nicht hauptsächlich um die Lösung von Sachproblemen, sondern um Wertvorstellungen. Kaufentscheidungen stellen dann einen Wertkonflikt dar, wenn beispielsweise ein Partner bestimmte Modeartikel kaufen möchte, der andere aber den Kauf ablehnt und dabei zwar nicht die Qualität der angebotenen alternativen Produkte in Frage stellt, aber grundlegende Zweifel gegenüber der Illusionsmaschinerie der Konsumindustrie hat. In diesem Fall haben die Partner grundsätzliche Differenzen bezüglich der Symbolträchtigkeit des Produktes. Wertkonflikte stellen echte Konfliktsituationen dar, in denen die Partner mittels Überzeugungs- und Beeinflussungstaktiken versuchen, den anderen von den Vorteilen der eigenen Meinung zu überzeugen. Beispiele für Wertkonflikte finden sich etwa in Kirchler et al. (2000, S. 85f), bezogen auf Kaufentscheidungen zu Hause:

  (a) Sie und Ihr(e) Partner(in) planen Ihre gemeinsamen Ferien und blättern im Katalog eines Reiseveranstalters. Jeder von Ihnen hat einen Wunsch, aber im Laufe des Gesprächs stellt sich heraus, dass Ihre Wünsche nicht übereinstimmen. Einer von Ihnen möchte sehr gerne die Urlaubstage am Meer verbringen, am Strand in der Sonne liegen, einfach faulenzen. Der andere möchte sehr gerne in die Berge. Beim Nichtstun wird dem anderen langweilig; er (sie) möchte einen Aktivurlaub machen. Obwohl Ihre Reiseziele völlig unterschiedlich sind, sind Sie sich einig, auf alle Fälle den Urlaub gemeinsam zu verbringen.

  (b) Sie und Ihr(e) Partner(in) müssen oder wollen Ihre bisherige Wohnsituation ändern. Nachdem Sie eine Reihe von Angeboten überprüft haben, stehen Sie vor der Entscheidung zwischen zwei Möglichkeiten, die in finanzieller Hinsicht vergleichbar sind. Auch die Summe der Vor- und Nachteile ist bei jeder Alternative in etwa gleich, es ergeben sich aber Unterschiede hinsichtlich der Lage: Eine der Wohnungen, die Sie in die engere Wahl gezogen haben, befindet sich im Stadtkern, die andere außerhalb der Stadt in ländlicher Umgebung. Auch Ihre Wünsche sind unterschiedlich: Einer von Ihnen möchte unbedingt in der Stadt leben. Er (sie) liebt Kinobesuche, Theater, geht gern tanzen und ab und zu in gepflegte Restaurants. Er (sie) möchte den Trubel der Stadt spüren, das Leben auf dem Land erscheint zu eintönig. Der (die) andere von Ihnen bevorzugt die Wohnung in ländlicher Umgebung. Ihm (ihr) ist die Anonymität der Stadt zuwider. Außerdem zählt für ihn (sie) Ruhe, Natur, ein Garten usw. mehr als das bunte Treiben der Stadt.

- *Sach-* oder *Wahrscheinlichkeitskonflikte* beziehen sich auf Urteile über reale Sachverhalte und Realisierungsmöglichkeiten. Eine Wahrscheinlichkeits-, Sach- oder Tatsachenbeurteilung ist dann notwendig, wenn sich die Partner über die soziale Bedeutung eines Artikels einig sind und beispielsweise einen Modeartikel wünschen, aber die Entscheidung deshalb schwer fällt, weil sie die verschiedenen Produktalternativen qualitativ unterschiedlich hochwertig einschätzen oder das Preis-Nutzen-Verhältnis unterschiedlich erleben. Eigentlich kann in dieser Situation nicht von einem Konflikt im negativen Sinne gesprochen werden. Den Partnern geht es auch nicht darum, den anderen zu beeinflussen, sondern um eine sachliche Auseinandersetzung, in der informationelle Aspekte zählen und normativer Druck im Hintergrund bleibt. Beispiele für Sachkonflikte bei Kirchler et al. (2000) sind folgende:

(a) Sie und Ihr(e) Partner(in) müssen sich endlich ein neues Auto anschaffen. Sie werden das Auto ungefähr gleich häufig benutzen und sind sich auch schon einig, dass es nicht allzu groß, niedrig im Benzinverbrauch und bequem zu fahren sein soll. Zwei Autotypen sind in die engere Wahl gezogen worden: Einer von Ihnen beiden bevorzugt Typ A: Dieses Modell hat 55 PS, eine Spitzengeschwindigkeit von 150 km/h und verbraucht wenig Benzin. Der andere bevorzugt Typ B: Dieser Wagen kostet geringfügig mehr als Typ A. Allerdings ist die Motorleistung besser (67 PS). Der Treibstoffverbrauch ist gleich hoch.

(b) Sie und Ihr(e) Partner(in) haben beschlossen, Ihre Sitzgruppe im Wohnzimmer durch eine neue zu ersetzen. Sie beide möchten die Sitzgruppe aus hellem Holz und mit einfärbigem, neutralen Bezugsstoff. Auch über den Betrag, den Sie ausgeben wollen, sind Sie sich einig. Aus Zeitgründen holen Sie getrennt Angebote ein und präsentieren am Abend Ihrem(r) Partner(in) Ihren Vorschlag. Beide Vorschläge sind preislich vergleichbar, jeder weicht aber etwas von Ihren gemeinsamen Vorstellungen ab. Einer von Ihnen hat sich für eine Sitzgruppe entschieden, die zwar den Vorstellungen von der Farbe des Holzes entspricht, aber einen gemusterten Bezugsstoff hat. Der andere möchte unbedingt eine Sitzgruppe kaufen, die zwar einfärbig bezogen, aber aus recht dunklem Holz hergestellt ist.

- Ein *Verteilungskonflikt* liegt vor, wenn es um die Aufteilung von Gewinn und Kosten geht. Selbst wenn beide Partner überzeugt sind, dass ein bestimmtes Produkt die optimale Alternative darstellt und gewünscht wird, so dass keine Wertkonflikte bestehen, kann ein Partner gegen den Kauf argumentieren, weil das Produkt größtenteils nur dem anderen nützt oder hauptsächlich von diesem verwendet werden kann. Bei Verteilungskonflikten stoßen Personen mit unterschiedlichen Interessen aufeinander. Verteilungsprobleme bestehen dann, wenn Kosten und Nutzen einer Entscheidung asymmetrisch verteilt sind. Die Partner werden versuchen, durch ihr Verhandlungsgeschick einen Kompromiss zu erzielen. Dieser Konflikttyp deckt sich mit dem „Interessenkonflikt" beziehungsweise „Machtkampf" bei McGrath. Beispiele für Verteilungskonflikte in Kaufentscheidungssituationen sind folgende (Kirchler et al., 2000):

(a) Sie und Ihr(e) Partner(in) haben gemeinsam einen Lottoschein ausgefüllt und einen gewissen Geldbetrag gewonnen. Um dieses Geld möchte sich jeder von Ihnen einen kleinen Luxus leisten. Einer von Ihnen hat ein bestimmtes Kleidungsstück im Auge, z.B. eine modische Jacke. Der andere würde gern ein Sportgerät für sich anschaffen, einen neuen Tennisschläger etwa oder ein Paar teure Laufschuhe. Für beides reicht der Lottogewinn aber nicht aus.

(b) Sie und Ihr(e) Partner(in) haben einen Sparvertrag. Angenommen, Ihr gemeinsamer Sparvertrag (z.B. Bausparen) ist abgelaufen, und Sie beide haben auch schon beschlossen, das verfügbare Geld auszugeben. Dabei treten jedoch Meinungsverschiedenheiten auf: Während der eine das Geld für eine neue, hochwertige Stereoanlage für das Auto ausgeben will, möchte sich der andere ein Schmuckstück oder eine teure Uhr kaufen. Leider reicht das Geld aber nicht aus, um beide Wünsche zu befriedigen.

Unter „Konflikt" verstehen die beiden angeführten Modelle von McGrath und Brandstätter eine Situation, in der zwischen zwei oder mehr verschiedenenartigen Verhaltensweisen, die einander ausschließen, gewählt werden muss (vgl. Herkner, 1991). In Tabelle 1 werden die Aufgabentypen von McGrath und Konfliktarten nach Brandstätter einander gegenübergestellt.

Ein Problem hat eine eindeutig korrekte Lösung – in Entscheidungssituationen existiert eine unmittelbar einsichtige Lösung nicht.

Aufgaben können grundsätzlich in zwei Kategorien eingeteilt werden: Probleme und Entscheidungen. Vereinfacht ausgedrückt können die beiden Aufgabentypen daran unterschieden werden, dass es zum einen – bei Problemen – eine objektiv richtige Lösung gibt, die es zu suchen gilt; und zum anderen – bei Entscheidungen – diese eindeutig richtige, einsichtige Lösung nicht existiert. Dennoch gilt es, aus mehreren (Handlungs)Optionen eine – nach Möglichkeit die „beste" – zu wählen.

In der Literatur wird die Differenzierung zwischen Problemen und Entscheidungen nicht immer eingehalten. Manchmal ist von Problemen dann die Rede, wenn nicht klar ist, wie ein Ziel erreicht werden soll, und Entscheidungen darüber getroffen werden, welche Strategien zur Lösung einzusetzen sind. Hier werden Aufgaben dann als Probleme bezeichnet, wenn eine einsichtig korrekte Lösung möglich ist; Entscheidungen bezeichnen Aufgaben, die keine unmittelbar einsichtige Lösung ermöglichen

Im Weiteren werden verschiedene Formen von Problemen und Entscheidungen und die Lösungsdynamik bei individueller Aufgabenbewältigung und in Gruppen betrachtet. In den Folgekapiteln werden deshalb Gruppen, Kommunikation und Interaktion in Gruppen und Formen von Gruppen im Betrieb beschrieben. Anschließend wird analysiert, wie Probleme gelöst werden und welche Fehler bei der Problembearbeitung von Individuen und Gruppen auftreten können. Schließlich werden Entscheidungen untersucht, Fehlerquellen ausfindig gemacht und Techniken zur Verbesserung von Entscheidungen kurz vorgestellt.

Tab. 1: Aufgabentypen

Problemlösungen	Entscheidungen
Problemlösung	Wertkonflikt = kognitiver Konflikt
Wahrscheinlichkeitskonflikt = Leistungsmethoden	Verteilungskonflikt = Interessenkonflikt beziehungsweise Machtkampf
	Kreativleistung
	Planung

1.1 Probleme

Duncker (1945, S. 1; zitiert in Robertson, 2001, S. 4) definiert Probleme folgendermaßen:

"A problem arises when a living creature has a goal but does not know how this goal is to be reached. Whenever one cannot go from the given situation to the desired situation simply by action, then there is recourse to thinking … Such thinking has the task of devising some action which may mediate between the existing and the desired situations."

Als Probleme werden jene Aufgaben bezeichnet, bei denen es eine korrekte Lösung gibt. Die Zielerreichung und Qualität der Lösung ist damit auch klar überprüfbar. Formal betrachtet wird dann von einem Problem gesprochen, wenn ein Anfangszustand A in einen erwünschten Zielzustand Z überführt werden soll, wobei eine Barriere B zwischen A und Z überwunden werden muss. Ist diese Barriere nicht vorhanden und soll bloß der Anfangszustand A in den Zielzustand Z übergeführt werden, liegt kein Problem vor. Soll eine Person die Zahlen 5 und 4 addieren und beherrscht sie die dafür notwendige Rechenregel, so ist dies für die betreffende Person kein Problem. Soll hingegen jemand ohne Taschenrechner oder sonstige Hilfsmittel die Quadratwurzel aus 5 ziehen und beherrscht die betroffene Person die notwendige Rechenregel nicht, so handelt es sich für diese Person um ein Problem, da eine Barriere (B) vorhanden und zu überwinden ist, etwa durch Nachschlagen in Mathematikbüchern. Ausgangszustand A ist in beiden Fällen die Rechenaufgabe, Zielzustand Z die korrekte Lösung. Ob ein bestimmter Sachverhalt ein Problem darstellt oder nicht, ist nicht allein von der objektiven Schwierigkeit abhängig, sondern vielmehr vom Vorhandensein einer Barriere für die bearbeitende Person. Damit kann ein und derselbe Sachverhalt für einige Personen ein Problem darstellen, für andere Personen nicht.

Problemlösung kann als Prozess verstanden werden: Auf das Verstehen des Problems, das heißt, der Ausbildung einer subjektiven mentalen Repräsentation, folgt die Suche nach einer Lösung mit Hilfe von Problemlösungsstrategien. Je nach notwendigem Umfang dieses Prozesses können Probleme weiter differenziert werden in Einsichtsprobleme und komplexe Probleme.

Eine Situation wird für eine Person dann zu einem Problem, wenn sie das Ziel nur nach der Überwindung einer Barriere erreichen.

Die einfachste Form eines Problems ist ein Einsichtsproblem. Um ein Einsichtsproblem handelt es sich, wenn folgende Bedingungen erfüllt sind:

- Wenige Schritte führen zur Lösung;
- eine rasche und einfache Lösung ist möglich, sobald die Lösungsschritte gefunden sind;
- sowohl Ausgangs- als auch Zielzustand sind klar definiert;
- die Aufgabe ist schnell zu verstehen und
- relativ schnell zu bearbeiten;
- kein oder ein klar definierbares Vorwissen ist notwendig;
- klare Transformationsregeln, die zur Zielerreichung verlangt werden, sind gegeben.

Klassische Beispiele für Einsichtsprobleme sind Puzzles: Bei Puzzles sollen mehrere Teile eines Ganzen (Anfangszustand A) zusammengefügt und in den Zielzustand übergeführt werden (Zielzustand Z).

Einsichtsprobleme sind einfache, schnell bearbeitbare Aufgaben, die kein oder ein klar definierbares Vorwissen voraussetzen.

Sobald eine Person zur Einsicht gelangt, wie die Teile zusammen passen (Barriere B), gelangt sie unmittelbar zur Lösung. Die Aufgabenstellung ist schnell zu verstehen, die Bearbeitung einfach und es ist kein Vorwissen nötig. Ein typisches Beispiel für Einsichtsprobleme ist auch das Tumorproblem: Ein Patient mit einem zentral gelegenen Gehirntumor braucht eine Strahlentherapie. Die notwendige Strahlung wäre jedoch so stark, dass das gesunde Gewebe, das durchstrahlt werden müsste, um den Tumor zu erreichen, ebenfalls geschädigt würde. Wie sollen die Ärzte vorgehen? Sie müssten von verschiedenen Seiten den Patienten so bestrahlen, dass ausschließlich im kranken Bereich die Strahlen gebündelt werden und damit jene Intensität erreichen, die notwendig ist, um das kranke Gewebe zu zerstören. Sobald Einsicht über die Lösung erlangt ist, kommt es unmittelbar zur Lösung, deshalb kann hier von einem Einsichtsproblem gesprochen werden. Vorwissen ist nicht notwendig, die Aufgabe ist schnell zu verstehen und zu bearbeiten. Beim Turm von Hanoi – einem ebenfalls „klassischen" Beispiel für ein Einsichtsproblem – ist vorgegeben, dass drei verschieden große Scheiben auf einem von drei Stäben liegen (Ausgangszustand A) und in der gleichen Reihenfolge (die größte zuunterst, die kleinste zuoberst) auf den dritten Stab gelegt werden sollen (Zielzustand Z). Zu beachten ist jedoch, dass stets nur eine Scheibe bewegt werden und nie eine größere auf einer kleineren liegen darf (Abbildung 2; Lösung im Anhang). Auch hier sind alle Kriterien eines Einsichtsproblems gegeben.

Abb. 2:   Turm von Hanoi – Ausgangszustand

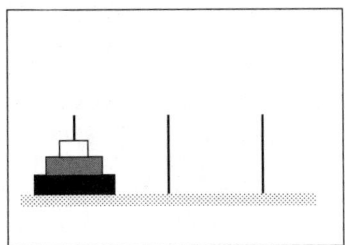

Je stärker ein Problem von den Kriterien eines Einsichtsproblems abweicht, je mehr Teilschritte zur Lösung notwendig sind oder Einarbeitung für das Verständnis und die Bearbeitung vorausgesetzt wird, umso schwieriger wird ein Problem und umso eher wird es zu einem „komplexen Problem". Die Merkmale komplexer Probleme sind:

- *Komplexität*: Komplexität bedeutet, dass bei einem Problem mehrere Aspekte gleichzeitig zu beachten sind. Probleme sind nur dann komplex, wenn es für die Problemlösung notwendig ist, viele Aspekte zu berücksichtigen, nicht aber, wenn nur mehrere Aspekte vorhanden

Bei komplexen Problemen sind verschiedene Variablen und Konsequenzen vernetzt; Veränderungen passieren auch ohne Eingriffe in eine Situation; mehrere, manchmal nur vage formulierte Ziele können gegeben sein.

sind. Komplexität eines Problems ist z.B. bei der Entwicklung eines neuen Produkts gegeben, denn eine Vielzahl von Aspekten muss gleichzeitig in Evidenz gehalten werden, unter anderem die Qualität, Produktionskosten, Rohstoffverfügbarkeit, zu erwartende Nachfrage, Nützlichkeit, Verkaufswege, etwaige „Kannibalismus-Effekte" auf andere (eigene) Produkte und Kosten von Leistungen. Es liegt jedoch kein komplexes Problem vor, wenn zwar all diese Aspekte vorhanden sind, für ein erfolgreiches Problemlösen jedoch nur ein einziger Aspekt ausschlaggebend ist, wie beispielsweise die Sicherheit, weil vergleichbare Produkte am Markt diesbezüglich ein massives Manko aufweisen und Konsumenten Sicherheit hoch werten.

- *Vernetztheit*: Sind die einzelnen Aspekte eines Problems nicht unabhängig voneinander beeinflussbar, das heißt, sie beeinflussen sich wechselseitig, so spricht man von Vernetztheit. Im obigen Beispiel könnten zum Beispiel Preis und Nachfrage voneinander abhängig sein, da ein erhöhter Preis im Allgemeinen zum Sinken des Käuferinteresses führen kann. (In speziellen Fällen kann es auch zu einem Anstieg kommen, etwa bei der Annahme einer Steigerung der Qualität oder aufgrund des „Snobappeals").

- *Eigendynamik*: Bei Problemen mit Eigendynamik ändert sich die Situation auch ohne Eingriff von außen, was nicht heißen muss, dass äußere Eingriffe nicht zusätzliche Effekte haben können. Beispiele sind die Geburtenrate oder das Alter der Bevölkerung und die Folgen dieser Faktoren auf die Nachfrage von Konsumenten.

- *Polytelie*: Ist innerhalb einer Problemstellung nicht ausschließlich ein Ziel vorhanden, sondern mehrere, so spricht man von Polytelie. Die verschiedenen Ziele können einander auch teilweise widersprechen. Beispielsweise können ein geringer Preis und hohe Qualität widersprüchliche Ziele sein, die dennoch beide zur Problemlösung, dem Ziel der Verkaufsförderung, angestrebt werden müssen.

- *Unbestimmtheit*: Sind die zu erreichenden Ziele nicht deutlich formuliert, so ist ein Problem unbestimmt. Ein unbestimmtes Ziel ist beispielsweise dann gegeben, wenn verlangt wird, „erfolgreicher zu sein", ohne Kriterien für Erfolg definiert zu haben. Das Ziel, „den Umsatz um fünf Prozent zu erhöhen", ist hingegen ein klar bestimmtes Ziel.

Komplexe Probleme sind – im Vergleich zu Einsichtsproblemen – durch eine höhere Schwierigkeit gekennzeichnet. Kognitive Repräsentationen des Problems können stets nur stark vereinfacht sein und sind daher fehleranfällig. Die Angemessenheit der subjektiven Repräsentation der Aufgabe und Lösungsmöglichkeiten beeinflusst ebenfalls die Aufgabenschwierigkeit. Der

Turm von Hanoi und das weiter unten beschriebene Monsterproblem sind objektiv gleich schwierig, das Monsterproblem belastet das Arbeitsgedächtnis jedoch deutlich stärker, da es für viele Personen neu und ungewohnt erscheint. Eine Verknüpfung mit bereits bekannten sowie die Anwendung äquivalenter Regeln ist kaum möglich (Robertson, 2001).

1.1.1 Objektive Kriterien der Schwierigkeit

Einsichtsprobleme und deren Lösung sind vor allem von theoretischem Interesse. Die meisten Probleme in Alltag und Beruf sind komplex, das heißt, es gibt keine einfachen Ursache-Wirkungs-Zusammenhänge, es existieren Neben- und Fernwirkungen, die zu berücksichtigen sind, die Problemstellung und oft auch -lösung ist schwierig. Zur Lösung ist strategisches Denken notwendig. Je

Die objektive Schwierigkeit eines Problems hängt von der Definition des Ziels, der Strukturiertheit, möglichen Lösungsschritten und Transformationsregeln sowie der Wahrscheinlichkeit, die Lösung zufällig zu entdecken, ab.

höher die objektiven Anforderungen eines Problems sind, umso mehr entfernt es sich von den Kriterien eines Einsichtsproblems. Die Schwierigkeit eines Problems ist abhängig von vielerlei Kriterien:

- *Definiertheit*: Je klarer das Ziel definiert ist, umso einfacher ist die Problembewältigung. Bei einem Puzzle kann beispielsweise vorgegeben sein, welche Figur entstehen soll, oder bloß, dass die Teile zusammengefügt werden.
- *Strukturiertheit*: Die zur Verfügung stehenden Mittel und Bedingungen können klar vorgegeben sein oder nicht. Beim Turm von Hanoi (siehe oben und Kapitel 1.1.2) kann beispielsweise die Regel, dass nie eine größere Scheibe auf einer kleineren liegen darf, vorgegeben sein, oder der Turm könnte einstürzen, wenn gegen diese implizite Regel verstoßen wird. Ebenso kann das Tumorproblem (siehe Kapitel 1.1) erleichtert werden, wenn die verfügbaren Mittel (z.B. bewegliche Strahlengeräte) angeführt werden.
- *Operatoren*: Bei einer Problemstellung kann die Möglichkeit bestehen, im Lösungsprozess einige Einzelzüge zu Einheiten zusammenzufassen, das heißt, Operatoren zu bilden. Bei einem Puzzle kann beispielsweise die Strategie entwickelt werden, zunächst alle gleichfarbigen Puzzleteile oder alle Randteile zu suchen und diese zusammenzufügen, um im nächsten Schritt nur noch Teilbilder zusammensetzen zu müssen beziehungsweise auf einen „Rahmen" zurückgreifen zu können. Dieses Vorgehen reduziert die Komplexität und erleichtert den Überblick.

- *Optimale Lösungssequenz*: Ist eine optimale Lösungssequenz vorhanden, das heißt, es gibt eine korrekte Abfolge von Lösungsschritten, erleichtert dies die Problemlösung. Je einfacher die Strukturierung eines Problems gelingt, umso leichter fällt es, die einzelnen Schritte auszuführen, ohne von der Komplexität „erschlagen" zu werden.

- *Anzahl der Problemzustände*: Je mehr Variationen von Variablen möglich sind, umso schwieriger wird ein Problem. So ist beispielsweise das Problem des Turms von Hanoi mit fünf Scheiben deutlich schwieriger zu lösen als mit drei.

- *Anteil richtiger Lösungen durch Erraten*: Je größer die Wahrscheinlichkeit, durch Raten zu einer korrekten Lösung zu kommen, umso einfacher wird ein Problem (die Basisrate zufälliger korrekter Lösungen steigt). Die Trefferrate, das heißt, die Wahrscheinlichkeit einer korrekten Problemlösung, ist beispielsweise bei „Lotto 6 aus 45" deutlich geringer (das Problem, Lottomillionär zu werden, damit schwieriger) als es bei „6 aus 12" wäre.

1.1.2   Subjektive Repräsentationen der Schwierigkeit

Objektive Kriterien machen die tatsächliche Schwierigkeit eines Problems nicht alleine aus: Allgemein formuliert muss eine Person zunächst eine subjektive Repräsentation entwickeln, um ein Problem verstehen zu können.

Die subjektive Schwierigkeit eines Problems hängt von der mentalen Repräsentation der Aufgabe, der Ausgangslage und des Ziels, der Barrieren und der Möglichkeiten, diese zu überwinden, ab.

Damit ist gemeint, dass die wichtigen Objekte und Operationen mental repräsentiert werden. Es entsteht ein „Problemraum", dieser macht den subjektiven Schwierigkeitsgrad aus.

Bei gleichen objektiven Anforderungen können, bedingt durch unterschiedliche inhaltliche „Einkleidungen", durch unterschiedliche mentale Repräsentationen scheinbar unterschiedliche Probleme entstehen, die auch eine unterschiedliche Lösungsschwierigkeit und damit Lösungswahrscheinlichkeit haben. Es liegen sogenannte „isomorphe Probleme" vor.

Ein isomorphes Problem zum Turm von Hanoi ist das Monsterproblem: Drei fünfhändige Monster mit Namen Wom, Muk und Zon halten drei Kristallkugeln – eine kleine, eine mittlere und eine große. Wom hält alle Kugeln, Muk und Zon halten keine Kugel. Ein magisches Ritual verlangt, dass die Monster die Kugeln tauschen, bis Monster Zon alle Kugeln hält. Dabei sind eine Reihe von Riten und Höflichkeitsregeln zu beachten. Kugeln können den Besitzer nur dann wechseln, wenn ein Monster ein anderes nach folgenden Regeln demütig bittet: Pro Zug darf nur ein Monster bitten; ein Monster, das bereits eine oder mehrere Kugeln in seinen fünf Händen hält, darf nur um eine kleinere bitten; und um eine Kugel darf ein Monster nicht gebeten werden, das noch kleinere hat.

Beim Turm von Hanoi und dem Monsterproblem liegt objektiv das gleiche Problem vor, es ist jedoch in unterschiedliche subjektive Problemräume eingekleidet. Die unterschiedliche semantische Einkleidung führt zu unterschiedlichen mentalen Repräsentationen. Das Monsterproblem erscheint realitätsferner, willkürlicher, erfunden. Die Regeln sind nicht einsichtig, das Problem wird schwieriger, obwohl – abstrakt betrachtet – die Lösungen nach denselben Schritten erfolgen. Das Monsterproblem belastet das Arbeitsgedächtnis stärker, da es neu und ungewohnt erscheint. Eine Verknüpfung mit bereits Bekanntem und die Anwendung äquivalenter Regeln ist kaum möglich (Robertson, 2001).

> **Ein bekanntes Beispiel für ein sogenanntes „isomorphes Problem" ist das „Monsterproblem".**

1.2 Entscheidungen

Der Begriff „Entscheidung" bezeichnet eine Situation, in der Entscheidungsträger die Möglichkeit haben, eine Handlung aus mehreren Optionen zu wählen (Jungermann, Pfister und Fischer, 1998). Optionen können Objekte (z.B. zwei Automarken), Handlungen (z.B. eine Kreuzung bei Gelb noch zu überfahren oder das Fahrzeug zu stoppen) oder Strategien (z.B. sachliches versus emotionales Vorgehen) sein. Konsequenzen sind die Folgen, die sich aus der Wahl einer bestimmten Option ergeben. Die Ziele einer Person schränken die möglichen Optionen ein: Aus allen zur Verfügung stehenden Möglichkeiten werden die für die angestrebten Ziele relevanten gesucht.

> **Entscheidungen sind dann zu treffen, wenn Personen zwischen zwei oder mehreren Alternativen wählen können.**

Entscheidungen sind nicht durch eine eindeutig richtige, objektiv „korrekte" Lösung charakterisiert. Dennoch soll aus einer Reihe von Handlungsoptionen die „beste" gewählt werden. Entscheidungen bezeichnen jedoch nicht nur eine Situation, in der gewählt werden muss, sondern gleichzeitig auch Ergebnisse von Wahlprozessen. Evaluiert man, ob in einer Entscheidungssituation die „beste" Alternative gewählt wurde, ist also streng danach

Die Schwierigkeit von Entscheidungen hängt von der Menge der zur Verfügung stehenden Alternativen, der Anzahl von Entscheidungsschritten, den Konsequenzen, der Routine der Entscheidungsträger, deren Wissen, Motivation und Emotionen ab.

zu unterscheiden, ob der „beste" Weg beschritten wurde oder die „beste" Alternative gefunden werden konnte.

Wie bei Problemen gibt es auch bei Entscheidungen eine Reihe von objektiven Kriterien, welche die Aufgabenstellung beschreiben und die Schwierigkeit bestimmen. Das Ausmaß der Konflikträchtigkeit einer Entscheidungssituation, das heißt, die Schwierigkeit einer Entscheidung, wirkt sich auf die Dauer der Vorentscheidungsphase sowie auf die im Zeitraum bis zum Treffen der Entscheidung erlebte Spannung aus. Folgende Merkmale sind für den Schwierigkeitsgrad von Entscheidungen verantwortlich (Abbildung 3):

- *Offenheit*: Die Menge der zur Verfügung stehenden Optionen kann offen oder durch eine bestimmte Anzahl festgelegt sein. Je mehr offene Optionen, desto aufwendiger die Entscheidung. So ist beispielsweise die Aufgabe, „neue Möglichkeiten zur Mitarbeiterbindung" zu finden, deutlich offener und damit schwieriger zu klären als jene, zu untersuchen, warum die Fluktuation im Unternehmen hoch ist. Letztere Aufgabe stellt eine Teilaufgabe der ersten dar. Je mehr Alternativen zur Auswahl stehen, umso konfliktreicher ist eine Entscheidung. Auch die Entscheidungszeit steigt mit der Anzahl an Alternativen. Bei 15 möglichen Vorgehensweisen nimmt bereits die Analyse und Bewertung dieser mehr Zeit in Anspruch als bei bloß drei. Auch ähnliche Wertigkeiten der Alternativen erhöhen das Konfliktausmaß: Je unterschiedlicher die Alternativen sind, umso leichter fällt die Wahl zwischen ihnen. Beispielsweise ist die Wahl zwischen zwei sehr unterschiedlich gut qualifizierten Bewerbern deutlich einfacher zu treffen als jene zwischen Bewerbern mit kaum unterscheidbaren Qualifikationen.
- *Zwischenschritte*: Entscheidungen können sich in einem einzigen Schritt vollziehen. In diesem Fall wird auch von einstufigen Entscheidungen gesprochen. Wenn sich Entscheidungen hingegen über mehrere Schritte erstrecken, bezeichnet man diese als mehrstufige Entscheidungen oder Szenarien. Je mehr Schritte, je mehr Einzelentscheidungen notwendig sind, umso komplexer wird eine Entscheidung und umso schwieriger auch die Lösungsfindung.
- *Konsequenzen*: Entscheidungen sind desto schwieriger, je weniger absehbar die Folgen einer gewählten Alternative sind. Auch hochwertige Alternativen, das heißt, schwerwiegende Konsequenzen, machen Entscheidungen schwieriger oder konfliktreicher. Die Wahl zwischen zwei Bewer-

bern für einen Vorstandsposten hat gravierendere Konsequenzen und fällt deshalb schwerer als jene zwischen zwei Visitenkartendesigns.

Abb. 3:   Konfliktstärke

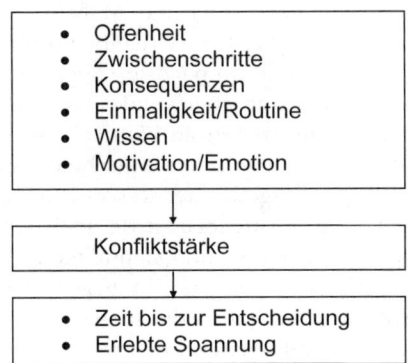

• *Einmaligkeit* versus *Routine*: Einmalige Entscheidungen lassen sich von mehrmaligen oder wiederholten Entscheidungen unterscheiden. Für wiederholte Entscheidungen sind Bewältigungsstrategien, sogenannte Scripts, vorhanden, an die sich Entscheidungsträger halten können (Mikunda, 1997). In neuen und ungewohnten Entscheidungssituationen ist hingegen eine ausführliche Informationssammlung und -verarbeitung notwendig. So ist es beispielsweise deutlich einfacher, in seinem Heimatland unter Einhaltung aller üblichen Rituale und Höflichkeiten an einer Trauung teilzunehmen oder einen neuen Geschäftspartner zu gewinnen, als es in einem völlig unbekannten Kulturkreis, etwa in China, wäre. Sind keine Verhaltens- oder Bewältigungsstrategien erworben worden und damit mental abrufbar, so fällt die Entscheidung für die „beste" Verhaltensweise schwerer. Die Vertrautheit mit einer Entscheidungssituation beeinflusst die zur Verfügung stehenden Hilfestellungen und damit die Entscheidungsschwierigkeit. Je weniger vertraut ein Entscheidungsträger mit einer Situation ist, auf umso weniger Hilfestellungen (z.B. bereits bewährte Strategien) kann er zurückgreifen. Dies macht es notwendig, mehr kognitive Ressourcen zu investieren (Gordon, 1996; Greenberg, 2002; Greenberg und Baron, 2000; Jungermann et al., 1998). Zu unterscheiden sind zwei Typen von unterschiedlich vertrauten Situationen:

Routinemäßige Entscheidungen („programmed") und nicht routinemäßige Entscheidungen („nonprogrammed"). Routinemäßige Entscheidungen können auf niedrigem kognitiven Niveau ablaufen. Die Entscheidungen erfolgen unter Anwendung von Standardregeln, die in früheren Situationen erprobt wurden. Dazugehörige Bewertungs- und Kategorisierungsschemata erfolgen nach erlernten Maßstäben, die üblicherweise keiner Prüfung unterzogen werden. Wird eine Entscheidungssituation als programmed erkannt, müssen im nächsten Schritt nur noch die dazugehörigen Regeln abgerufen und angewendet werden, um eine qualitativ hochwertige Entscheidung treffen zu können. Liegen nur Erfahrungen mit ähnlichen, aber nicht identischen Entscheidungssituationen vor, so können nicht alle Regeln angewendet werden. Gelingt es dem Entscheidungsträger jedoch, eine Faustregel oder Heuristik anzuwenden, so bleibt die Entscheidung routinemäßig und damit weniger aufwendig. Nicht routinemäßige Entscheidungen sind hingegen kognitiv aufwendiger, denn Verfahrensregeln und Standardlösungen existieren nicht. Deshalb werden unübliche Vorgangsweisen beschritten oder Faustregeln angewandt. Für die erfolgreiche Lösung solcher Situationen sind ausreichend Zeit, Sachkenntnisse, aber auch Kreativität Voraussetzung. Strategische Entscheidungen sind eine Unterform der nicht routinemäßigen Entscheidungen: Sie haben langfristige Folgen für den Entscheidungsträger oder die Organisation und folgen daher einer zugrunde liegenden Philosophie oder Zielsetzung und sind damit ganz besonders kognitiv aufwendig. Dabei werden persönliche und organisatorische Präferenzen ermittelt und notwendige Informationen im Gedächtnis und in der Umgebung gesucht.

Tab. 2:   Routinemäßige Entscheidungen (programmed) und Entscheidungen ohne Routine (non programmed)

	Entscheidungstyp	
	Programmed	Non programmed
Aufgabentyp	Einfach und routinemäßig	Komplex und kreativ
Vertrauen auf Firmenpolitik	Orientierung an früheren Entscheidungen	Richtlinien sind nicht vorhanden
Typischer Entscheidungsträger	Einzelperson, untere Hierarchieebenen	Gruppen, obere Hierarchieebenen

Beide Typen von Entscheidungen, je nach Routine, programmed oder nonprogrammed, können in Bezug auf Aufgabentyp, Vertrauen in die Firmenpolitik und typischer Entscheidungsträger unterschieden werden (Tabelle 2; Greenberg und Baron, 2000).

- *Wissen*: Entscheidungen setzen, genau so wie andere Aufgaben auch, Wissen und Motivation voraus. Zum Wissen zählen etwa das Erkennen und Bewerten der zur Verfügung stehenden Optionen und die Erfahrung mit ähnlichen Aufgaben und den Konsequenzen, die mit den jeweiligen Optionen verbunden sind. Detailliertes Wissen verkürzt die Phase der Informationssuche und erleichtert den Umgang mit der Beurteilung von Informationen und Optionen sowie die Bildung von Kategorien. Je weniger Wissen vorhanden ist, umso schwieriger wird eine Entscheidung. Eine Entscheidung in einem Fachgebiet zu treffen, in das man eingedacht ist, ist einfacher, als die Entscheidung in einem fremden Gebiet. (So ist etwa die Literaturrecherche für einen Anglistikstudenten einfacher als für einen Tischler. Der Einkauf der richtigen Materialien für die Konstruktion eines Tisches ist aber für einen Anglistikstudenten ohne Erfahrungen schwierig und für den Tischler Routine).

- *Motivation und Emotionen*: Die Motivation beschreibt die notwendige Wissensaktivierung und die Beweggründe, sich auf eine Entscheidungsdynamik einzulassen. Das Vorhandensein von Wissen reicht nicht aus, um eine gute Entscheidung zu fällen. Dazu bedarf es auch des Willens, das Wissen adäquat anzuwenden, vorhandene Fakten zu verknüpfen und eine gute Lösung zu finden. Bei den Emotionen kann zwischen aktuellen Stimmungen, die unabhängig vom Entscheidungsproblem beim Individuum entstanden sind, und solchen, die sich direkt aus der Bewertung der Handlungskonsequenzen ergeben, unterschieden werden. Beide Quellen emotionaler Färbungen können sich auf die Leistungsmotivation, das Anspruchsniveau, die Frustrationstoleranz oder die Rationalität der Entscheidungsfindung auswirken und damit eine Entscheidung erleichtern oder schwieriger gestalten. Die Emotionen, die durch verschiedene Situationen ausgelöst werden, und die mit ihnen verbundenen Konsequenzen sind inter- und intraindividuell unterschiedlich. So kann ein sonniger Tag beispielsweise gute Laune bedingen und in der Folge zu einer höheren Arbeitsmotivation führen. Ein heißer Sommertag löst möglicherweise auch Ärger darüber aus, dass der Tag nicht im Schwimmbad verbracht werden kann, und in Folge zu einer geringeren Arbeitsmotivation führen.

Nach Herbert Simon (1960; Greenberg, 2002; Greenberg und Baron, 2000; u.v.a.) ist das Wesen der Managementtätigkeit im Treffen von Entscheidungen begründet: Mitarbeiter holen Informationen ein, bearbeiten sie und leiten sie weiter; Manager treffen dann Entscheidungen (top-down). Ein neuerer Ansatz sind die „empowered decisions" oder „ermächtigte Entscheidungen": Die Mitarbeiter haben dabei die Möglichkeit, Entscheidungen, die ihre unmittelbare Tätigkeit betreffen, selbständig zu treffen, ohne zuvor ihre Vorgesetzten zu konsultieren oder auf deren Entscheidung zu warten. Sie können selbst entscheiden, was für ihre Aufgabe wesentlich und richtig ist; sie werden als Experten für ihren Job angesehen, die eine optimale Entscheidung treffen können. Ziel der empowered decisions-Strategie ist es, damit die Akzeptanz von Entscheidungen und der damit verbundenen Konsequenzen zu erhöhen und Lernprozesse zuzulassen. Bezieht sich die Ermächtigung nicht auf Einzelpersonen, sondern auf Teams, so ist dies ein Schritt auf dem Weg zur Realisierung von selbstverwalteten Arbeitsgruppen.

1.2.1 Entscheidungsrisiko

Zukünftige Ereignisse sind niemals exakt vorhersehbar. Entscheidungsträger müssen deshalb bereit sein, bei ihren Entscheidungen das Risiko zu tragen. Unter riskanten Entscheidungen versteht man diejenigen Entscheidungen, deren Konsequenzen nicht mit Sicherheit, sondern mit unterschiedlich hoher Wahrscheinlichkeit eintreten. Sichere Entscheidungen sind hingegen dann gegeben, wenn mit Sicherheit klar ist, welche Folgen eintreten werden. Das Ausmaß der Unsicherheit, mit dem eine Entscheidung und deren Folgen verbunden ist, wird als Risiko bezeichnet. Als Zwischenform schließlich existieren ambigue Entscheidungen, die zwar unsicher sind, bei denen jedoch zumindest vage Vermutungen über Konsequenzen und deren Wahrscheinlichkeiten vorhanden sind.

Bei sicheren Entscheidungen sind die Alternativen und deren sicher eintretende Konsequenzen bekannt. Bei riskanten Entscheidungen treten bestimmte Konsequenzen mit bestimmter Wahrscheinlichkeit ein. Bei ambiguen Entscheidungen bestehen vage Vermutungen über die Wahrscheinlichkeit von Konsequenzen.

Das Risiko in Entscheidungssituationen kann mit der Wahrscheinlichkeit, zu einem positiven Ergebnis zu kommen, bemessen werden. Dabei ist zwischen objektiven und subjektiven Wahrscheinlichkeiten zu unterscheiden. Eine objektive Wahrscheinlichkeit liegt zum Beispiel vor, wenn der Personalchef eines Unternehmens berichten kann, dass 70 Prozent der von ihm ausgewählten Personen zumindest fünf Jahre im Unternehmen blieben, oder wenn aus der Verkaufsabteilung berichtet wird, dass es in nur fünf Monaten der letzten zwei Jahre zu Umsatzsteigerungen kam. Diese Aussagen basieren stets auf konkreten, nachprüfbaren Daten. Oft liegen in Entscheidungssituationen solch konkrete Informationen jedoch nicht vor, und es wird notwendig, auf subjektive Wahrscheinlichkeiten zurückzugreifen, auf Annahmen oder Ahnungen zukünftiger Ereignisse. Ein Beispiel dafür ist die Befürchtung, während des Verfassens eines privaten E-Mails komme ungerufen der Vorgesetzte. In diesem Fall wir auch von ambiguen Entscheidungen gesprochen.

Da Entscheidungsträger versuchen, Risiken möglichst zu vermeiden beziehungsweise sie zu reduzieren, sind sie bemüht, Aktivitäten zu setzen, die Entscheidungen sicherer machen. Sie sind bestrebt, sich Zugang zu neuen Informationen zu verschaffen. Die Informationssuche ist ein möglicher Weg zur Risikoreduktion. Wissen über die Vergangenheit und Gegenwart – sowohl über Erfolge als auch über Misserfolge – ermöglicht die Bildung von Hypothesen über die Zukunft. Eine spezielle Form der Informationssuche ist die Intensivierung des Kontakts zu anderen Organisationen. Bei Unsicherheiten wird das Verhalten anderer Organisationen kopiert, und zwar am ehesten jener, mit der die engsten Kontakte bestehen. Den Rat von Experten einzuholen, beispielsweise von Unternehmensberatern, ist ebenfalls eine erfolgsversprechende Form der Informationssuche, bei der die Erfahrungen anderer zur Erweiterung des eigenen Wissensraumes genutzt werden (Greenberg und Baron, 2000).

Doch nicht immer sind Entscheidungsträger motiviert oder fähig, weitere relevante oder gar alle verfügbaren Informationen zur Reduktion des Risikos einzuholen. Je nach Risikohöhe, die die Entscheidungsträger akzeptieren, werden vier Entscheidungstypen unterschieden (Thomae, 1960):

- Stehen ausreichend Zeit, Informationen und Kompetenz zur Verfügung und ist ein Entscheidungsträger auch motiviert, eine gute Entscheidung zu treffen, so besteht die Chance, nach rationalen Überlegungen, die „beste" Option zu wählen (*wägende Entscheidung*). Dies ist beispielsweise der Fall, wenn ein Einkäufer die Möglichkeit hat, sich über alle Konkurrenzprodukte und die Preislage am Markt sowie über alle Produkteigenschaften ausreichend zu informieren, dies auch bereit ist zu tun, die Fähigkeit besitzt, die einzelnen Optionen zu bewerten und Erfahrung hat. In der Praxis sind derart optimale Bedingungen kaum gegeben.

  Je nach Risiko werden wägende, wagende, wachsende und retardierte Entscheidungen unterschieden.

- Wird nach ausgiebigen Überlegungen die Wahl einer Option unter Unsicherheit getroffen, wird also auf der Basis sachlicher Überlegungen eine riskante Alternative gewählt, spricht Thomae (1960) von *wagenden Entscheidungen*. Wenn ein Einkäufer nicht die Zeit hat, sich Marktübersicht zu verschaffen, aber zumindest in zwei Fachzeitschriften Bewertungen der Konkurrenzprodukte nachliest und dann entscheidet, trifft er eine wagende Entscheidung.

- Bei *wachsenden Entscheidungen* wird ohne eingeschränkten zeitlichen Rahmen möglichst reflektiert und basierend auf ausreichender Informationsbeschaffung eine Entscheidung gefällt. Im obigen Beispiel ist dies möglich, wenn mehr Zeit als bei der wägenden Entscheidung verfügbar ist, beispielsweise wenn bis zur definitiven Listung der Produkte ein Jahr Zeit besteht.

- *Retardierte Entscheidungen* sind von Unsicherheit geprägt. Erkenntnisse werden immer wieder angezweifelt, über „Bord geworfen", die endgültige Entscheidung vertagt, delegiert oder vermieden. Ist der Einkäufer aus dem angeführten Beispiel mit einer Entscheidung überfordert, sei es, weil er über zu geringe fachliche Kompetenzen verfügt oder die Zeit drängt, so besteht eine Handlungsmöglichkeit darin, den notwendigen Gesprächstermin mit dem betreffenden Verkäufer immer wieder zu verschieben oder an einen Stellvertreter zu delegieren.

1.2.2   Entscheidungsgüte

Ob eine getroffene Entscheidung als „gut" oder „nicht gut" beurteilt werden kann, ist nicht nach einem einzigen Maßstab messbar: „Gut" kann sich auf die Qualität der Entscheidung beziehen, die Einhaltung von Deadlines, die Akzeptanz der Betroffenen und ethische Angemessenheit der gewählten Option oder auf das Vorgehen in der Entscheidungsfindung beziehungsweise auf das Zusammenspiel der Entscheidungskriterien (Gordon, 1996). Abbildung 4 zeigt, dass sich die vier Kriterien Qualität, Zeitaufwand, Akzeptanz und ethische Angemessenheit sowohl wechselseitig beeinflussen als auch auf die Entscheidungsgüte wirken.

Die Güte von Entscheidungen hängt von der Qualität der Entscheidung, der Akzeptanz des Ergebnisses, der termingerechten Zielerreichung und Einhaltung von ethischen Standards ab.

- *Qualität*: Qualitativ hochwertige Entscheidungen führen zu den angestrebten Zielen – und zwar gemessen an situationsspezifisch relevanten Kriterien. Die Erreichung strategischer Ziele setzt gute Entscheidungen voraus, wobei diese Ziele den Profit, das Service oder andere unternehmerische Vorhaben betreffen können. Die getroffenen Entscheidungen müssen nicht immer nach dem Modell des homo oeconomicus optimal

Abb. 4:   Kriterien zur Beurteilung der Entscheidungsgüte (in Anlehnung an Gordon, 1996, S. 231)

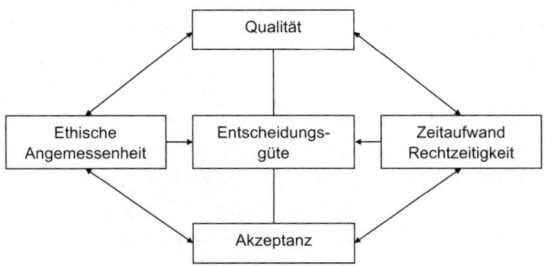

sein; zufriedenstellende Entscheidungen sind meist ausreichend gut und ohnehin wesentlich realistischer als die Wahl der optimalen Alternative aus einem Set vieler Möglichkeiten. Gravierende Fehler müssen aber vermieden werden. Fehler kommen durch die Überbewertung von Informationen, die leicht zugänglich sind, und durch andere Quellen zustande. Ausreichend Zeit zur Informationssuche und die kühle, emotionskontrollierte Bewertung der Informationen sind daher notwendig.

- *Zeitaufwand* (*Rechtzeitigkeit*): Selbst die qualitativ hochwertigste Entscheidung ist nutzlos, wenn sie zu spät getroffen wird. Die Einhaltung von Deadlines – wenn diese ergebnisrelevant sind – ist essenziell für die Effektivität einer Entscheidung.

- *Akzeptanz*: Von Akzeptanz einer Entscheidung kann gesprochen werden, wenn die Betroffenen sie verstehen, akzeptieren und auch umsetzen können. Mitarbeiter, die Entscheidungen ihrer Vorgesetzten nicht akzeptieren, können durch Boykott die erfolgreiche Umsetzung geplanter Maßnahmen – z.B. die Einführung eines neuen Datenbanksystems – verhindern. Maßnahmen, wie etwa Mitbestimmung durch die Mitarbeiter, gezielte und verständliche Informationen sowie Transparenz der Bewertung von Entscheidungskriterien sind daher notwendig.

- *Ethische Angemessenheit*: Liegt in einer Entscheidungssituation ein moralisches Problem vor, so ist es zunächst Aufgabe des Entscheidenden, individuelle und kulturelle Kriterien, philosophische Grundhaltungen und zu erwartende Verletzungen von moralischen Standards abzuwägen. Ob eine getroffene Entscheidung als ethisch angemessen beurteilt wird, kann nur unter Berücksichtigung der situativen Rahmenbedingungen, die historisch und kulturell bedingt sind, festgestellt werden.

Um eine „gute" Entscheidung treffen zu können, ist es notwendig, zunächst festzusetzen, was eine gute Entscheidung auszeichnen muss, das heißt, Be-

Um eine gute Entscheidung treffen zu können, ist es notwendig, zu Beginn klar zu definieren, was „gut" bedeutet. wertungskriterien zu definieren. Werden Ziele exakt formuliert, so gestaltet sich nicht nur die Informationssuche effizienter, auch die Ressourcen können zielorientierter und damit effizienter genutzt werden. Es gilt daher, vor einer Entscheidung – noch vor der Analyse der Handlungsoptionen – zu überlegen, welche Kriterien wichtig sind und welche vernachlässigt werden können. Dieses Vorgehen lenkt Energien in die richtige Richtung, spart Ressourcen durch den zielorientierten Einsatz und macht Erfolge nicht nur wahrscheinlicher, sondern auch evaluierbar.

2 Gruppen in Organisationen

Leitfragen
- Was sind Teams beziehungsweise Gruppen im Betrieb und welche Merkmale weisen sie auf?
- Wie verläuft der Prozess der Gruppenbildung?
- Nach welchen Mustern kommunizieren Gruppen?
- Was sind teilautonome Arbeitsgruppen, Qualitätszirkel, Lernstatt, Werkstattzirkel und Projektgruppen?

Führungskräfte lösen Probleme und treffen Entscheidungen häufig in neuartigen, unstrukturierten und bezüglich der Ziele unklaren Situationen. Ihre Tätigkeit ist durch Komplexität der Aufgaben und Zeitdruck gekennzeichnet. Simultan ablaufende Tätigkeiten werden durch dringende Aufgaben unterbrochen; oft wird nicht nur fragmentarisch und verkürzt entschieden und anschließend adjustiert, sondern repariert. Meist muss in kleinen Schritten ein Lösungsprozess durchschritten werden, weil eine klare Entscheidung und damit die Lösung von Aufgaben aufgrund der Komplexität der Situation und des Wechselspiels einer Vielzahl von Variablen nicht möglich ist. Die Informationen, die für Entscheidungen zur Verfügung stehen, sind oft unvollständig und schwer bewertbar; sie werden meist mündlich weitergegeben und sind nicht „nachzulesen", manchmal missverständlich und in der Erinnerung verzerrt. Die Einschätzung der Glaubwürdigkeit und Relevanz der Nachrichten hängt zumeist mit dem Sender und dessen Qualitäten, seinem Status und seiner Beziehung zum Problemlöser oder Entscheidungsträger ab und oft weniger vom Inhalt der Nachricht selbst („management by running and talking around"; Koopman, Broekhuijsen und Wierdsma, 1998).

Gerade in derartigen komplexen Situationen sind erfolgreiche Problemlösungen und Entscheidungen von adäquaten Strategien zur Aufgabenidentifikation und -lösung abhängig. Im nachfolgenden Kapitel wird zunächst auf „Probleme" näher eingegangen, auf die Möglichkeit der Identifikation von Problemen und auf Lösungsstrategien. Im Weiteren werden Entscheidungen, Modelle zur Entscheidungsfindung, Entscheidungsstile sowie typische Entscheidungsfehler und Möglichkeiten diese zu vermeiden, betrachtet.

Eine Gruppe kann oft effizienter Probleme lösen und Entscheidungen treffen als Individuen. Die Gruppendynamik kann aber die Erreichung eines positiven Ergebnisses auch behindern.

Vielfach gelten die Befunde über Schwierigkeiten bei der Lösung von Problemen und von adäquaten Entscheidungen sowohl für Individuen als auch für Gruppen. Mehrere Personen gemeinsam können oft effizienter Probleme lösen und Entscheidungen treffen als Individuen, allerdings kann die Gruppendynamik die Erreichung eines positiven Ergebnisses auch behindern. Weil Gruppen von Personen nicht immer Probleme so effizient lösen wie Individuen und Entscheidungen oft durch besondere Dynamik gekennzeichnet sind, wird in diesem Abschnitt, vor der Beschreibung von Problemlösungen und Entscheidungen, die Komplexität von Gruppen in Organisationen behandelt.

Definitionsgemäß besteht eine Arbeitsgruppe aus mehreren Personen, die in einer Arbeitssituation zusammenarbeiten, um Gruppen- beziehungsweise Organisationsziele zu erreichen. Eine Arbeitsgruppe kann Aufgaben bearbeiten, Möglichkeiten und Alternativen kreativ eruieren und Pläne realisieren (Gordon, 1996). Gruppen zeichnen sich durch eine Reihe von Merkmalen aus:

- Gruppen bestehen aus mehreren Individuen, das heißt, sie sind soziale Gebilde. Ob bereits zwei Personen als Gruppe bezeichnet werden können, geht aus der Literatur nicht eindeutig hervor. Teilweise wird eine Untergrenze von drei Personen angenommen, da erst dann besondere gruppendynamische Phänomene, wie etwa die Bildung von Koalitionen, beobachtet werden können.

Gruppen sind soziale Gebilde mit besonderer Dynamik, die für längere Zeit eingerichtet werden, um bestimmte Ziele zu realisieren.

- Gruppen in Organisationen werden meist für längere Zeiträume für die Lösung spezifischer Aufgaben eingerichtet.
- Die Mitglieder einer Gruppe stehen in direkter Interaktion miteinander, wobei die Formen der Kommunikation unterschiedlich sein können.
- Gruppen entwickeln Normen, denen die Mitglieder verpflichtet sind.

- Üblicherweise entsteht zwischen den Mitgliedern ein Zusammengehörigkeitsgefühl, ein „Wir"-Verständnis.
- In Gruppen kommt es meist zu einer Differenzierung von Rollen, das heißt, die Mitglieder übernehmen verschiedene Aufgaben und Funktionen (Robbins, 2001; von Rosenstiel, 1993).

In der Literatur werden teilweise „Teams" von „Gruppen" unterschieden, teilweise diese Begriffe austauschbar verwendet (z.B. Greenberg, 2002; Greenberg und Baron, 2000; Tosi, Mero und Rizzo, 2000): Von einem Team wird gesprochen, wenn die Gruppenmitglieder einander ergänzende Fähigkeiten besitzen und auf bestimmte Ziele hin arbeiten beziehungsweise bestimmte Aufgaben bearbeiten, für die sie sich auch verantwortlich fühlen. In Teams fühlen sich die Mitglieder zu einem kollektiven Output verpflichtet und dafür verantwortlich. Generell werden Teams als spezielle Gruppen verstanden, mit besonderer Involvierung der Mitglieder, hohem Verantwortungsgefühl für die Qualität der Arbeit und Engagement. Im Folgenden werden die Begriffe Arbeitsgruppe und Team identisch verwendet.

Arbeitsgruppen differieren in einer Vielzahl von Merkmalen, welche die Motivation und das Verhalten der Mitglieder bedingen: Die Anzahl der Gruppenmitglieder, die Attraktivität der Gruppe für ihre Mitglieder, die Art der Kooperation zwischen den Mitgliedern, die Ziele, die von der Gruppe insgesamt angestrebt werden, die geltenden Normen, die Rollenverteilung, formelle und informelle Strukturen, die zeitliche Dauer der Gruppe, Führungsverhalten, etc. sind einige Variablen, welche die Dynamik und Leistung der Gruppe beeinflussen.

> **Arbeitsgruppen oder Teams variieren nach Mitgliederzahl, Gruppenattraktivität und -kohäsion, Gruppenzielen und -normen, Rollen und Funktionsstruktur, Zeit des Bestehens und Dauer der Einrichtung der Gruppe sowie danach, ob sie formell oder informell eingerichtet wurden.**

- *Gruppengröße*: Mit zunehmender Anzahl von Mitgliedern wird die Interaktion komplexer und die direkte Kommunikation zwischen den Personen schwieriger. Deshalb sollte in Organisationen bei der Einrichtung von Arbeitsgruppen die Gruppengröße besonders beachtet werden. Je länger die Zusammenarbeit andauert und je näher die räumliche Nähe der Mitglieder ist, umso größer kann die Gruppe sein. Haben die Gruppenmitglieder unterschiedliche Kompetenzen und ist die Koordination der Mitglieder und Arbeit durch eine Führungskraft notwendig, wird eine Gruppengröße von maximal fünf bis neun als ideal angenommen. Manche Untersuchungen über Problemlösungs- und Entscheidungsverhalten von Gruppen legen eine ideale Größe von nur rund fünf Personen nahe (Yetton und Bottger, 1983). Der Koordinationsaufwand ist bei derartiger Gruppengröße meist der Leistung entsprechend und die Motivation der Mitglieder ausreichend vorhanden (Diehl und Stroebe, 1987; Stroebe, 1985). Die Voraussetzungen für hohe Identifikation mit der Gruppe und die Zufriedenheit scheinen mit steigender Gruppengröße zu sinken (von Rosenstiel, 1993). Die optimale Gruppengröße ist jedoch auch abhängig von der Aufgabenstellung. Während größere Gruppen beispielsweise bei der Einholung neuer und vielfältiger Informationen im Vorteil sind, bringen zusätzliche Gruppenmitglieder kaum einen Nutzen, wenn es um Koordinations- oder Organisationsaufgaben geht. Sind einfache Tätigkeiten zu verrichten und die Spezialisierung der Gruppenmitglieder nicht erforderlich, wird zu einer Größe von maximal 30 Personen geraten (Robbins, 2001).

- *„Single"* versus *„multiple function"*: Die Gruppenmitglieder können entweder alle einem Arbeitsbereich entstammen – oder verschiedenen Bereichen, wie etwa der Produktion, dem Marketing, Verkauf und der Buchhaltung. Gruppen mit multiple function sind zwar meist heterogener als jene mit single function, haben aber den Vorteil, verschiedenartiges und vielseitiges Expertenwissen nutzen zu können, was vor allem bei der Bearbeitung komplexer Aufgabenstellungen notwendig ist (Gordon, 1996).

- *Gruppenattraktivität*: Attraktivität ist das Ausmaß, in dem es für Personen erstrebenswert ist, Mitglied einer Gruppe zu sein oder zu werden. Die Attraktivität nimmt zu, wenn die Gruppe relativ klein ist und kooperativ erscheint, wenn die Kommunikation innerhalb der Gruppe gefördert und von anderen als erfolgreich eingestuft wird und damit die Gruppe hohes Prestige hat. Die Attraktivität einer Gruppe steht in engem Zusammenhang mit der Kohäsion, dem „Wir-Gefühl", der Motivation, gemeinsame Ziele zu erreichen, der Bereitschaft, sich für die Gruppenziele einzusetzen und dem Selbstwert, den die Mitglieder durch die Gruppenzugehörigkeit erreichen können.

- *Gruppenkohäsion*: Der „innere Zusammenhalt" (Wissenschaftlicher Rat der Dudenredaktion, 1990, S. 405), die Kohäsion der Gruppe, wird auch als „das Ausmaß wechselseitiger positiver Gefühle" (von Rosenstiel, 1993, S. 335) beschrieben. Hohe Kohäsion ist mit dem Erlebnis der Einheit verbunden, einem ausgeprägten „Wir-Gefühl", aber auch der Distanzierung von anderen Gruppen. In Gruppen mit hoher Kohäsion ist die Zufriedenheit der Mitglieder im Allgemeinen hoch, geltende Normen werden als verpflichtend erlebt. Die Leistung scheint ebenfalls mit der Kohäsion zu korrelieren.

Die Kohäsion steigt generell dann, wenn sich die Mitglieder in für sie wesentlichen Eigenschaften als ähnlich erleben. Hohe Kontakthäufigkeit, die Dauer des Bestehens einer Gruppe und geringe Fluktuation korrelieren ebenfalls mit der Gruppenkohäsion. Weiter sind die Identifikation der Gruppenmitglieder mit den Aufgaben und Zielen der Gruppe und der emotionale und instrumentelle Gewinn aus der Gruppenzugehörigkeit, wie beispielsweise die Befriedigung von Kontaktmotiven, Affiliationsmotiven etc., kohäsionsförderlich (Gordon, 1996; von Rosenstiel, 1993).

Das Zusammenspiel der Gruppenkohäsion mit den Leistungsnormen in der Gruppe steht mit der Produktivität in engem Zusammenhang: Bei geringer Kohäsion ist meist auch die Produktivität mittelmäßig. Ist die Kohäsion jedoch hoch, so führen geringe Leistungsnormen zu geringer Produktivität, hohe zu einem hohen Output. Ein starker Gruppenzusammenhalt ist damit eine notwendige, wenn auch noch nicht ausreichende Voraussetzung für gute Gruppenleistungen. Außer der Kohäsion ist die Verbindlichkeit, hohe Ziele zu erreichen, eine notwendige Leistungsvoraussetzung (Robbins, 2001; Tosi et al., 2000).

Der Zusammenhalt der Gruppenmitglieder führt über soziale Identität, die durch die Gruppenzugehörigkeit definiert wird, zu Fragen der Kooperation und des Wettbewerbs zwischen Gruppen. Gerade in Organisationen, in denen eine Arbeitsgruppe, eine Abteilung oder, bei Fusionierungen, ein gesamter Betrieb eine Einheit bilden, ist es zweifelhaft, ob ein hoher Gruppenzusammenhalt auch der Kooperation zwischen Gruppen förderlich ist. Eine Vielzahl von Studien zu Intergruppenprozessen und die Theorien von Henri Tajfel und Mitarbeitern (siehe z.B. Brown, 2000) belegen, wie komplex die Dynamik zwischen Gruppen sein kann.

- *Gruppenziele*: Erfolgreiche Arbeitsgruppen verfolgen gemeinsame Ziele und nutzen vorhandene Gruppenressourcen effektiv. Zu unterscheiden ist zwischen formellen und informellen Zielen. Formelle Ziele sind explizit, schriftlich oder mündlich vorgegeben und dienen der Erreichung von Organisationszielen. Informelle Ziele sind hingegen nicht explizit formuliert. Beispielsweise kann ein informelles Ziel das Bestreben sein, eine bestimmte andere Gruppe oder Abteilung leistungsmäßig zu übertreffen oder die Mittagspause „unauffällig" auszudehnen. Formelle und informelle Ziele können einander widersprechen (wie im Beispiel mit der verlängerten Mittagspause) und sich gegenseitig behindern. Sie können einander auch stützen (wie im Beispiel des impliziten Wettkampfs), was die Effektivität der Gruppe erhöht. Gruppenziele sind dann besonders effektiv, wenn sie von der Gruppe akzeptiert werden, spezifisch und nicht all gemein gehalten sind und eine hohe Herausforderung darstellen (Gordon, 1996).

- *Gruppennormen*: Der Begriff der „Norm" bezieht sich auf nicht schriftlich vorliegende, informelle Erwartungen, die das Verhalten der Gruppe und ihrer Mitglieder beeinflussen (Gordon, 1996). Thibaut und Kelley (1959) führen die Entwicklung von Normen darauf zurück, dass dadurch Vorteile für die Gruppe generiert werden, welche die Interaktion erleichtern und die Verantwortung und das Engagement für die Erreichung der Gruppenziele fördern. Deshalb werden Normverletzungen von den Gruppenmitgliedern auch sanktioniert (von Rosenstiel, 1993).

- *Rollen*: In betrieblichen Arbeitsgruppen werden den Teilnehmern meist bestimmte Funktionen und damit Rollen zugeteilt. Aufgabenbezogene Rollen beziehen sich auf die Aufgabenteilung und Erreichung von Zielen (z.B. können manche Gruppenmitglieder dafür verantwortlich sein, Informationen einzuholen, andere sind für die Verbesserung des Gruppenklimas verantwortlich, wieder andere für die Koordination der Aufgaben und Führung der Gruppe). Die formal festgelegte Rollendifferenzierung muss allerdings nicht den informellen Rollen, die sich rasch entwickeln können, entsprechen. So kann etwa die formelle Gruppenführung von den Mitgliedern unterminiert werden und ein anderes Mitglied übernimmt informell die Führungsrolle. Bezüglich der Rollenstruktur wird zwischen horizontaler und vertikaler Rollendifferenzierung unterschieden, wobei erstere die Herausarbeitung von Spezialisten für bestimmte Aufgaben bedeutet und letztere eine hierarchische Ordnung (Gordon, 1996; von Rosenstiel, 1993).

- *Formelle* versus *informelle Gruppen*: Formelle Gruppen werden in Organisationen eingesetzt, um Organisationsziele zu erreichen. Die Mitgliedschaft erfolgt nicht notwendigerweise freiwillig, sondern wird vorgegeben. Auch Gruppenstruktur und Kommunikationsform werden explizit festgelegt. Im Gegensatz dazu entwickeln sich informelle Gruppen in Organisationen spontan, die Mitgliedschaft wird von den Mitgliedern frei gewählt (Gordon, 1996; Robbins, 2001; von Rosenstiel, 1993; Weinert, 1998). Eine formelle Gruppe stellt beispielsweise eine Referatsgruppe dar, die in einem Seminar vom Lehrveranstaltungsleiter eingerichtet wird. Die Ziele der einzelnen Mitglieder, beispielsweise eine hohe Leistung und gute Bewertung der Arbeit oder ein möglichst geringer Aufwand, können divergieren; die Mitglieder müssen auch nicht notwendigerweise ein „Wir"-Gefühl entwickeln. Die Existenz der Gruppe kann kurz währen, wenn etwa die Mitglieder die anfallende Arbeit sofort aufteilen und individuell erledigen. Informelle Gruppen könnten sich bilden, wenn die

Sympathie zwischen den Teilnehmern dazu führt, dass sie sich auch außerhalb der Lehrveranstaltung treffen, gemeinsam Seminaraufgaben bearbeiten oder sich wechselseitig unterstützen. Während die Einrichtung von formellen Gruppen in Organisationen von den Organisationszielen abhängt, entstehen informelle Gruppen unter bestimmten Rahmendingungen und können der Realisierung von Organisationszielen oder den individuellen Bedürfnissen der Mitglieder dienen. Die Wahrscheinlichkeit für informelle Gruppenbildung steigt mit zunehmender räumlicher Nähe der Mitglieder, unmittelbarer und direkter Kommunikationsmöglichkeit, der Verflechtung von Arbeitsinhalten, der gemeinsame Nutzung von Ressourcen und wenn gemeinsame betriebliche und private Interessen bestehen (Gordon, 1996; von Rosenstiel, 1993).

- *Traditionell geführte* versus *selbstorganisierte Gruppen*: In traditionell geführten Gruppen gibt es eine bestimmte Person, die als Führer agiert. In selbstorganisierten Gruppen teilen die Gruppenmitglieder die Verantwortung für die verschiedenen Funktionen und anfallenden Aufgaben. Selbstverwaltete Arbeitsteams sind verantwortlich für die Erreichung eines Arbeitsziels, das meist mit übergeordneten betrieblichen Stellen gemeinsam festgelegt wurde. Sie haben die Möglichkeit, autonom Entscheidungen zu treffen. Manager geben manche Entscheidungen ab und übernehmen die Koordination zwischen verschiedenen Arbeitsteams, Lieferanten und Kunden, entwickeln sich zu Coachs, planen übergreifende Strategien oder sichern notwendige Ressourcen für die (teil)autonomen Gruppen (Gordon, 1996; Orsburn, Moran, Musselwhite und Zenger 1990).
- *Dauerhafte* versus *zeitlich begrenzte Gruppen*: Dauerhafte Gruppen arbeiten langfristig und an sich wiederholenden Aufgaben. Zeitlich begrenzte Arbeitsgruppen arbeiten hingegen für einen terminierten Zeitraum, um spezifische, festgesetzte Ziele zu erreichen oder Projekte umzusetzen (Gordon, 1996).
- *Phasen der Gruppenbildung*: Mit der Einsetzung einer Arbeitsgruppe oder der Bildung von Gruppen allgemein beginnt nach Tuckman (1965; Robbins, 2001; von Rosenstiel, 1993) eine Phase der Unsicherheit. Die Mitglieder testen ihre Möglichkeiten und Grenzen. Der Beginn der Gruppenbildung wird häufig als Forming bezeichnet. In dieser Phase besteht Unsicherheit bezüglich Zweck, Führung und Struktur der Gruppe. Diese Phase findet ihren Abschluss, wenn sich die Gruppenmitglieder tatsächlich als Mitglieder der Gruppe erleben. In der darauffolgenden Phase, dem Storming, drehen sich die Konflikte zwischen den Gruppenmitgliedern um die Rollendifferenzierung und Machtaufteilung innerhalb der

Gruppe. Die Phase ist abgeschlossen, wenn eine klare Führungshierarchie entstanden und (vorerst) akzeptiert ist. In der dritten Phase, dem Norming, entstehen Gruppenkohäsion, enge Beziehungen zwischen den Mitgliedern, Gruppenidentität und Kameradschaft. Beendet ist dieser Prozessabschnitt, wenn die Gruppenstruktur stabilisiert ist und allgemeine Erwartungshaltungen, Normen bezüglich der Verhaltensweisen der Gruppenmitglieder, entwickelt wurden. Den Abschluss der „Gruppenwerdung" bildet das Performing: Endlich steht die Gruppenstruktur fest, sie ist funktionell und allgemein akzeptiert. Das gegenseitige Kennenlernen und Verstehen ist abgeschlossen, die Gruppenmitglieder können sich nun auf ihre eigentliche Aufgabe und die Erreichung der Ziele konzentrieren. In dauerhaften Gruppen ist unter Performing die letzte, produktive Phase gemeint. In zeitlich befristeten Gruppen, wie Arbeitsgruppen zur Erreichung eines bestimmten Ziels, wird nach der Zielrealisierung die Gruppe aufgelöst. Robbins (2001) spricht nach dem Performing in zeitlich begrenzten Arbeitsgruppen auch von einer Phase des Adjourning. Damit sind jene Aktivitäten bezeichnet, welche die Trennung der Mitglieder umfassen. Tosi et al. (2000), Weinert (1998) und andere Organisationspsychologen sprechen von einem Reifungsprozess der Gruppe, der in der Forming-Phase einsetzt und in der Performing-Phase zum Höhepunkt kommt. Anfangs orientieren sich die Gruppenmitglieder, definieren Ziele, lernen die anderen Mitglieder kennen, definieren Regeln und testen ihre Grenzen aus. Nach der anfänglichen Konfusion und Orientierung beginnen Konflikte, welche die Führung, Prioritäten in den Arbeitszielen usw. betreffen. Nach einer Phase der Klärung beginnen die Mitglieder, sich auf Ziele und Lösungswege zu einigen, die Führerschaft zu akzeptieren und Kooperationsregeln einzuhalten. Mit wachsendem Gruppenzusammenhalt steigt auch die Effektivität der Gruppe. Der Reifeprozess beginnt also mit Forming oder Orientierung, geht weiter über Storming oder Konflikt zu Norming oder Kohäsion und kulminiert im Performing oder der entwickelten Leistungsstruktur (Tosi, et al., 2000, S. 250).

Die Entwicklung einer Gruppe benötigt Zeit und Energie. Deshalb können für kurze Zeit eingesetzte Gruppen (z.B. durch „job rotation", kurzfristige Qualitätszirkel) oft nicht zur eigentlichen Aufgabe gelangen, weil sie Zeit und Energie dafür aufwenden, um eine Gruppe zu formen, Grenzen zwischen den Mitgliedern auszuloten und Machtkämpfe auszutragen. Dies kann den organisatorischen Aufwand erhöhen, während die Leistung gering ausfällt (von Rosenstiel, 1992; Abbildung 5).

Ein weiteres theoretisches Modell zur Entstehung von Gruppen, das Modell des unterbrochenen Gleichgewichts, geht davon aus, dass nicht alle

Abb. 5:   Gruppenwerdung nach Tuckman (1965; nach Robbins, 2001, S. 268)

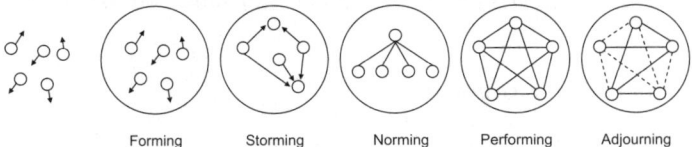

Forming   Storming   Norming   Performing   Adjourning

Gruppen die gleichen Phasen durchlaufen, jedoch die Zeitpunkte, zu denen die Phasen wechseln, identisch sind (Robbins, 2001; Abbildung 6). Beim ersten Treffen der Gruppenmitglieder wird bloß die „Richtung" der Gruppe festgelegt, Rahmenbedingungen von Verhaltensweisen und Annahmen darüber, wie Ziele zu erreichen sind, werden definiert. Die Richtung kann schnell festgelegt werden und wird oft unumstößlich und langfristig beibehalten. Die darauffolgende Phase ist von der Trägheit der Gruppenmitglieder geprägt, es kommt zu einem Stillstand oder zumindest zur Beibehaltung eines festgefahrenen Kurses. Ist etwa die Hälfte der vorhandenen Zeit für eine Aufgabe verstrichen – und zwar unabhängig davon, wie lange die gesamte Dauer eines Projektes ist –, kommt es zu einer Phase des Umschwungs, die wesentliche Veränderungen bringt und von hoher Leistung der Mitglieder geprägt ist. Die Halbzeit wirkt wie eine Alarmglocke. Alte Standpunkte können nun revidiert, neue Perspektiven gewonnen werden. Dieser Phase der Aktivität folgt eine erneute Phase der Trägheit oder des Gleichgewichts. Das letzte Gruppentreffen ist schließlich gekennzeichnet von merklich beschleunigter Aktivität, um die übernommene Aufgabe abzuschließen. Mit den Begriffen des Phasenmodells von Tuckman könnte man das Gleichgewicht-Modell wie folgt beschreiben: Zunächst kommt es zu einer Kombination von „forming"

Abb. 6:   Gruppenwerdung nach Robbins (2001; S. 269)

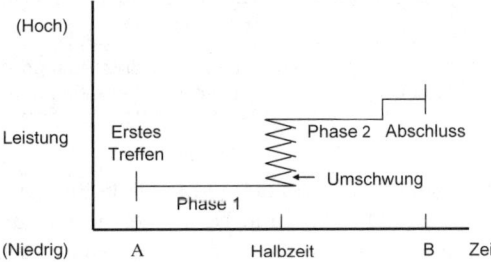

und „norming", gefolgt von „low performing" und „storming" und einer abschließenden Phase des „high performing" (Robbins, 2001).

2.1 Kommunikation in Gruppen

Mitglieder von Gruppen können in verschiedenster Weise miteinander interagieren und kommunizieren. Beispielsweise kann die Interaktions-struktur festgelegt sein oder sich frei und informell entfalten. Eine „beste" Interaktions- und Kommunikationsstruktur für Gruppen im Betrieb gibt es nicht. Je nach Größe der Gruppe, nach Aufgabentyp, nach Persönlichkeits-merkmalen der Mitglieder und Gruppenmerkmalen erweisen sich unter-schiedliche Strukturen als effizient für die Lösung von Aufgaben (Robbins, 2001; von Rosenstiel, 1992). Außerdem wurden Geschlechtsunterschiede bezüglich der Präferenz von Kommunikationsstrukturen festgestellt, die in Tabelle 3 zusammengefasst sind (von Rosenstiel, 1993)

Tab. 3:   Geschlechtsspezifische Kommunikationsstile

Von Frauen eher bevorzugter Kommunikationsstil	Von Männern eher bevorzugter Kommunikationsstil
Offene Kommunikation über Emotio-nen	Sachliche Kommunikation
Konsensentscheidungen	Mehrheitsentscheidungen
Distanzierung von der Gruppe, wenn die eigene Meinung in Entscheidun-gen übergangen wird	Geringere Distanzierung von der Gruppe, wenn die eigene Meinung in Entscheidungen übergangen wird
Bemühung um gute Beziehungen zu den Gruppenmitgliedern	Geringe Bemühung um gute Bezie-hungen zu den Gruppenmitgliedern
Bemühung um ein gutes Gruppen-klima	Geringe Bemühung um ein gutes Gruppenklima
Missverständnisse aufgrund des Aus-drucksverhaltens sind selten	Missverständnisse aufgrund des Aus-drucksverhaltens sind häufiger

In der Literatur zur Dynamik in Gruppen wird eine Reihe von „klassischen" Kommunikationsmustern mit Vor- und Nachteilen unterschieden, die im Folgenden kurz vorgestellt werden (Gordon, 1996; von Rosenstiel, 1993):

- *Rad*: Kommuniziert eine einzige zentrale Person mit allen anderen Gruppenmitgliedern, wird die Kommunikationsstruktur als Rad bezeichnet (Abbildung 7). Die Kommunikation erfolgt rasch, die

Die Kommunikation in Gruppen wird symbolhaft als Rad, Y, Kette, Kreis oder totale Interaktion dargestellt.

Genauigkeit der Informationsweiterleitung ist gut, die allgemeine Zufriedenheit jedoch gering. Empfehlenswert ist das Rad bei einfachen Aufgaben und kleinen Gruppen. Hier kann die zentrale Person die Informationen bei Bedarf weiterleiten. Die Zeit wird effizient genutzt, indem unnötige Gespräche zwischen allen Gruppenmitgliedern vermieden werden.

Abb. 7:   Kommunikationsmuster „Rad"

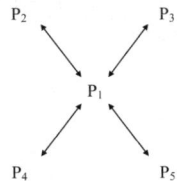

- *Y* und *Kette* stellen hierarchisch geprägte Strukturen mit einem mittleren Grad an Zentralisierung dar (Abbildung 8 und 9). Diese Strukturen stehen für langsame Informationsflüsse; die Präzision der Informationsweitergabe ist durchschnittlich, die Zufriedenheit der Mitglieder mit der Kommunikation eher gering ausgeprägt. Sinnvoll sind diese Kommunikationsformen bei kleiner bis mittlerer Gruppengröße sowie bei mittlerer Schwierigkeit der Aufgabe. Bei Aufgaben, die kreative Lösungen durch umfangreiche Ideenproduktion erfordern, ist davon abzuraten.

Abb. 8:   Kommunikationsmuster „Y"

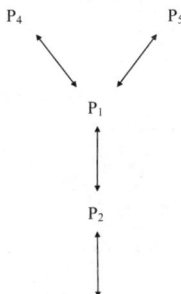

Abb. 9: Kommunikationsmuster „Kette"

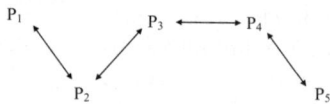

- *Kreis*: Im Unterschied zur Kette stellt eine kreisförmige Struktur eine geschlossene Kommunikationsschleife dar. (Abbildung 10) Die Geschwindigkeit der Informationsweitergabe ist gering, die Genauigkeit dafür hoch; auch die Zufriedenheit der Gruppenmitglieder ist im Allgemeinen gut. Es besteht keine Zentralisation. Die Anwendung dieser Kommunikationsform ist sinnvoll, wenn die Gruppe nicht allzu groß und die Exaktheit der Bearbeitung ebenso wie die Motivation und Zufriedenheit der Gruppenmitglieder wesentlich ist.

Abb. 10: Kommunikationsmuster „Kreis"

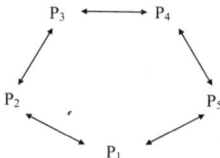

- *Totale*: Die totale Kommunikationsstruktur, bei der jedes Gruppenmitglied mit jedem kommuniziert (Abbildung 11), bringt die besten Ergebnisse bei komplexen Problemen. Zurückgeführt werden kann dies auf die Tatsache, dass eine zentrale Person, die die Informationen kanalisieren und weiterleiten müsste, in ihrer Informationsverarbeitungskapazität überfordert wäre und damit aufgegeben würde.

Abb. 11

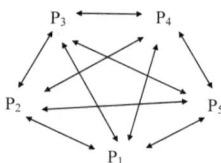

2.2 Spezifische Gruppen in Organisationen

Die Kooperation in Organisationen erfordert die Einrichtung von Gruppen unterschiedlichster Art. Manche Gruppen sind direkt in die Arbeitsorganisation integriert, die Mitarbeit in der Gruppe ist kontinuierlich gegeben, wie beispielsweise in teilautonomen Arbeitsgruppen. Andere Gruppen können sich zu bestimmten Zeiten parallel zur Arbeit treffen, wie etwa Qualitätszirkel, Lernstatt und Werkstattzirkel. Projektgruppen können sowohl im Betrieb eingerichtet sein und tätig werden als auch außerhalb der Betriebszeiten (Bungard und Antoni, 1993).

2.2.1 Teilautonome Arbeitsgruppen

Komplexe Aufgaben im Betrieb und die Herstellung von Produkten können nicht immer von einzelnen Mitarbeitern übernommen werden. Um der Zerstückelung der Arbeit in teilweise sinnentleerte Arbeitsschritte, die von einem Mitarbeiter ohne lange Anlernphasen und schnell ausgeführt werden müssen, und der Entfremdung entgegenzuwirken, werden Arbeitsgruppen eingerichtet, die eine mehr oder weniger „vollständige" Arbeit übernehmen und teilweise autonom tätig sein können. Bereits das Konzept des „job enrichment" forderte vollständige Aufgaben. Vollständige Aufgaben sind solche, die weitestgehend Möglichkeiten für eigenständige Zielsetzung und Entscheidungen bieten, die Entwicklung individueller Arbeitsweisen fördern und genaue Rückmeldungen über die Ausführung der Arbeitsschritte und Qualität der Ergebnisse geben. Vollständige Aufgaben erlauben die autonome Zielsetzung, die in übergeordnete Ziele eingebettet sind, sowie selbständige Handlungsvorbereitungen im Sinne von Planung, Auswahl der Mittel einschließlich der erforderlichen Interaktionen zur adäquaten Zielerreichung. Der Stand der Arbeitsausführung wird ständig rückgemeldet, so dass Handlungskorrekturen möglich sind. Weiters wird die Kontrolle der eigenen Handlungen und Ergebnisse und die Prüfung der Übereinstimmung der aktuellen Arbeitsergebnisse mit den gesetzten Zielen möglich (Ulich, 2001). Zweifelsohne können vollständige Aufgaben die Kapazitäten eines Individuums übersteigen, so dass Aufgaben häufig von Gruppen erledigt werden müssen.

Das Erleben ganzheitlicher Arbeit ist in modernen Arbeitsprozessen oft nur möglich, wenn Personen gemeinsam zusammenhängende Teilaufgaben

> **Um der Entfremdung durch extreme Arbeitsteilung entgegenzuwirken, werden Arbeitsgruppen eingerichtet, die teilweise autonom tätig sind.**

erledigen. Das Konzept teilautonomer Gruppen beinhaltet die Selbstorganisation der Gruppe und bietet den Vorteil unbürokratischer Anpassung an veränderte Gegebenheiten und Flexibilität. Die Zusammenfassung von interdependenten Teilaufgaben zur gemeinsamen Aufgabe einer Gruppe ermöglicht Selbstregulation und fördert die soziale Unterstützung. Dies ist möglich, wenn die Gruppe für die Aufgabe Verantwortung übernimmt und den Arbeitsablauf

Teilautonome Gruppen sind sehr flexibel.

selbst kontrollieren kann. Mit der Übertragung der Verantwortung und Kontrolle an eine teilautonome Arbeitsgruppe werden Aufgaben für die Mitarbeiter vielfältig, ganzheitlich und bedeutsam. Autonomie und Rückmeldung aus der Ausführung der Arbeit selbst fördern die Motivation und Arbeitszufriedenheit (Hackman und Oldham, 1980).

Das Konzept der teilautonomen Arbeitsgruppe geht auf den norwegischen Arbeitswissenschaftler Thorsrud zurück. Wilson und Trist (1951) sowie Rice (1958) haben Konzepte der Gruppenarbeit in England weiterentwickelt, die vor allem von Emery und Thorsrud (1982) in Skandinavien auch praktisch umgesetzt wurden. Gulowsen (1972) listet eine

Die Autonomie teilautonomer Gruppen ist möglichst genau zu bestimmen.

Reihe von Kriterien auf, die zur Bestimmung der Quantität und Qualität der Autonomie von Arbeitsgruppen geeignet sind: Auf Gruppenebene muss die Gruppe auf für sie geltende Zielsetzungen in quantitativer und qualitativer Hinsicht Einfluss nehmen können. Innerhalb übergeordneter Rahmenbedingungen soll die Gruppe selbst festlegen können, wo und wann sie arbeitet und welche zusätzlichen Tätigkeiten sie ausübt. Die Gruppe soll über die Produktionsmethode entscheiden können und die interne Aufgabenteilung selbst regeln. Letztlich soll die Gruppe darüber entscheiden können, wer Mitglied der Gruppe wird, wie die Führungsaufgaben geregelt werden und wer die Führungsrolle übernehmen soll. Kriterien auf der Ebene des Einzelnen betreffen die Entscheidungsfreiheit der Mitarbeiter darüber, wie die von ihnen auszuführenden Arbeitstätigkeiten bewältigt werden.

Das Konzept teilautonomer Arbeitsgruppen sieht vor, dass einer Kleingruppe von drei bis etwa zehn Mitarbeitern eine Aufgabe vollständig übertragen wird. Entscheidungen über die Ausführung, Materialbeschaffung etc., die Organisation und Kontrolle der Arbeit übernimmt die Gruppe (von Rosenstiel, 1992). Die Gruppe führt Organisations-, Planungs- und Kontrollaufgaben eigenständig durch (Bungard und Antoni, 1993). Alle Aktivitäten werden von der Gruppe im Rahmen der Unternehmensziele geplant und unterliegen den Gruppennormen (Ulich, 2001; von Rosenstiel, 1992).

Voraussetzungen für das Funktionieren teilautonomer Arbeitsgruppen sind unkonventionelle Ansichten über Machtverteilung und Kontrolle bei den Vorgesetzten. Vorgesetzte müssen bereit sein, Kontrolle an die Gruppe abzugeben, und Vertrauen entwickeln. Weiter sind folgende Faktoren für

Teilautonome Arbeitsgruppen können dann gut funktionieren, wenn die Vorgesetzten Einfluss und Kontrolle abgeben, Unterstützung bieten und Kompetenzen trainiert werden.

den Erfolg von Arbeitsgruppen ausschlaggebend (Gordon, 1996; Orsburn et al., 1990; von Rosenstiel, 1992):

• Unterstützung durch das Topmanagement: Ausreichend Zeit und Ressourcen müssen für die Entwicklung von selbstorganisierten Arbeitsteams von der Geschäftsleitung zur Verfügung gestellt werden.

• Gegenseitiges Vertrauen zwischen den Mitarbeitern und der Geschäftsleitung: Die Bereitschaft, Informationen zu teilen und Risiken zu übernehmen, muss vorhanden sein.

• Schulungen: Mitarbeiter in selbstorganisierten Arbeitsteams brauchen Fertigkeiten, die über ihre eigentliche Arbeitstätigkeit und Qualifikation hinausgehen. Da diese nicht einfach vorausgesetzt werden können, müssen sie in Schulungen erworben werden (z.B. technische Fertigkeiten, Führungskompetenzen, Buchhaltungs- und Planungskompetenzen).

• Auswahl geeigneter Tätigkeiten: Nur Aufgaben, die Autonomie erlauben und Entscheidungsfreiräume bieten und bei denen gleichzeitig eine Verbesserung des Outputs durch die Gruppenarbeit zu erwarten ist, sind für selbstorganisierte Arbeitsteams geeignet.

• Technische Umsetzbarkeit: Ist für die Einführung einer selbstverwalteten Arbeitsgruppe etwa eine Umstellung der Produktion (z.B. einer Fließbandfertigung) notwendig, so muss dies zum einen möglich, zum anderen müssen die Kosten für das Unternehmen tragbar sein.

• Entlohnung: Die von den Gruppenmitgliedern durchgeführten Arbeiten sind im Allgemeinen höherwertiger als die bisher angefallenen Arbeiten und die notwendigen Qualifizierungen der Mitarbeiter sind höher (z.B. Planung, Beschaffung). Höhere Qualifikation geht aber meist auch mit höherer Entlohnung und damit mit höheren Kosten für das Unternehmen einher.

Ein Beispiel für teilautonome Arbeitsgruppen in der Fahrzeugmontage (Saab-Karosseriefabrik in Schweden) wird von Ulich (2001) berichtet: Im Jahre 1975 wurde die herkömmliche Fließbandstruktur in der Saab-Karosseriefabrik in Trollhättan durch ein an soziotechnischen Konzepten orientiertes System teilautonomer Arbeitsgruppen abgelöst. Den Gruppen aus überwiegend angelernten Arbeitern wurde ein umfassendes Aufgabenpaket zur Erledigung in eigener Verantwortung übertragen: Die Gruppen vertreten sich nach außen durch eine Kontaktperson, die zusätzliche, nicht direkt produktive Aufgaben wahrzunehmen hatte. Die Funktion der Kontaktperson rotierte zwischen allen Gruppenmitgliedern in wöchentlichem Wechsel. Jede Gruppe war zugleich eine eigene Kostenstelle und damit als kleinste organisatorische Einheit ausgewiesen. Je drei bis vier Gruppen bildeten einen Meisterbereich. Die Rekrutierung neuer Mitarbeiter wurde von der Gruppe und dem Meister vorgenommen. Die Ziele wurden durch „Management by Objectives" vereinbart und bezogen sich auf Quantität, Qualität und Kosten. Mit der Einführung der teilautonomen Arbeitsgruppen hatte sich die Tätigkeit der Meister grundlegend verändert: Von Arbeiten, die der Qualitätskontrolle und der Realisierung von quantitativen Produktionszielen dienten, änderte sich die Arbeitsstruktur der Meister vor allem hin zu Tätigkeiten, die der Sorge für die Mitarbeiter und der Weiterentwicklung des Arbeitssystems dienten (Abbildung 12).

Nach mehrjähriger Erfahrung berichtete die Werksleitung über folgende betriebswirtschaftliche Nutzeneffekte: Verbesserung der Qualität und Verminderung der Kosten für Qualitätskontrolle und Nacharbeit, Verringerung des Verletzungsrisikos und Vermeidung der Fluktuation, Verbesserung der Produktionsstabilität und Verminderung von Abstimmungs- und Systemverlusten. Mehrkosten waren durch zusätzliche Investitionen für Parallelausrüstung und die Einrichtung von Extrazonen für die Lagerung von Material im Produktionsbereich zu verzeichnen.

Abb. 12: Organisation von teilautonomen Arbeitsgruppen (nach Ulich, 2001, S. 221)

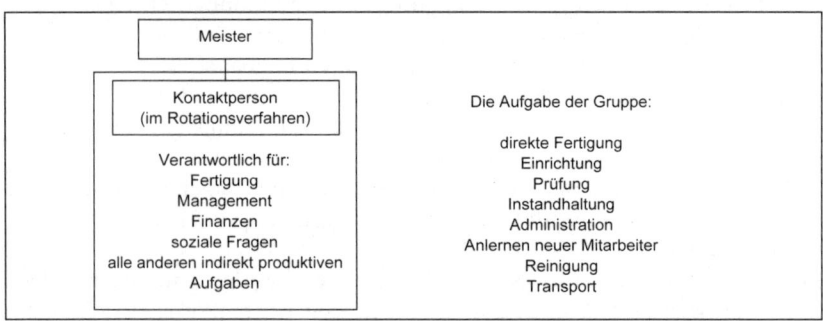

Über teilautonome Arbeitsgruppen wurde eine Vielzahl von Studien und Berichten veröffentlicht. Wenn auch Misserfolge eher verschwiegen werden als Erfolge, so lässt sich doch eine Zwischenbilanz über die möglichen positiven Auswirkungen erstellen, aber auch Kritik anführen. Die Kritik gegen teilautonome Arbeitsgruppen richtet sich vor allem gegen mögliche Haw-thorne-Effekte: Leistungsverbesserung und höhere Zufriedenheit entstehen nicht oder nur kurzfristig und sind nur durch die Zuwendung zu den Beschäftigten, nicht durch die gesetzten Maßnahmen verursacht.

Neben den ansehnlichen Erfolgen gibt es eine Reihe von Kritikpunkten an teilautonomen Arbeitsgruppen.

Weiters werden Schwierigkeiten bei der praktischen Umsetzung angeführt, die oft darin begründet sind, dass Aufgaben ein Entscheidungspotenzial haben müssen; dass die Arbeit in teilautonomen Gruppen anspruchsvoller ist als am Fließband und deshalb die Löhne höher sind; in der Anfangsphase der Einführung teilautonomer Arbeitsgruppen gibt es oft massive Innovationswiderstände und einen Verlust der Wirtschaftlichkeit; der Einfluss des Managements muss teilautonome Gruppen fördern, obwohl dann der Einfluss des Managements gesenkt wird. Allerdings wird auch von ansehnlichen Erfolgen für die Mitarbeiter, die Organisation und Produktion gesprochen, die in Tabelle 4 zusammengefasst sind (Ulich, 2001, S. 231).

Tab. 4: Mögliche Erfolge teilautonomer Arbeitsgruppen für die Beschäftigten selbst, die Organisation und die Produktion (Ulich, 2001; S. 260)

Beschäftigte	Organisation	Produktion
Intrinsische Motivation durch Aufgabenorientierung	Verringerung von hierarchischen Positionen	Verbesserung der Produktqualität
Verbesserung von Qualifikation und Kompetenzen	Veränderte Vorgesetztenrollen	Verminderung von Durchlaufzeiten
Erhöhung der Flexibilität	Veränderung von Kontrollspannen	Verringerung arbeitsablaufbedingter Wartezeiten
Qualitative Veränderung der Arbeitszufriedenheit	Funktionale Integration	Verringerung von Stillstandszeiten
Abbau einseitiger Belastungen	Höhere Flexibilität	Erhöhung der Flexibilität
Abbau von Stress durch gegenseitige Unterstützung	Neudefinition von Stellen	Verminderung von Fehlzeiten
Aktiveres Freizeitverhalten	Neue Lohnkonzepte	Verminderung der Fluktuation

2.2.2   Qualitätszirkel, Lernstatt und Werkstattzirkel

Weitere Gruppenformen im Betrieb sind Qualitätszirkel, Lernstatt und Werkstattzirkel. Qualitätszirkel bestehen aus einer kleinen Gruppe von Mitarbeitern gleicher oder verschiedener, meist unterer Hierarchieebenen, die sich regelmäßig auf freiwilliger Basis treffen, um selbst gewählte Probleme aus ihrem Arbeitsbereich zu diskutieren und eventuell zu bearbeiten (Bungard und Antoni, 1993; Antoni, Bungard und Kübler, 1990; Antoni, Bungard und Lehnert, 1992). Sie setzen sich im Allgemeinen aus fünf bis zehn Mitgliedern zusammen (Gordon, 1996). Kernmerkmale des Qualitätszirkel-Modells sind ein oder mehrere Treffen der Mitglieder, eventuell mit eingeladenen Experten und die Diskussion selbst gewählter Problemstellungen. Im Betrieb kommt Qualitätszirkeln ein Vorschlags-, aber kein Entscheidungsrecht zu.

Das Modell der Qualitätszirkel geht von der Erkenntnis aus, dass ausführende Arbeiter Experten für ihre Arbeit sind, über Probleme direkt Bescheid wissen und Verbesserungsvorschläge entwickeln können. Dies ist ihnen durch praktische Erfahrungen und die Kenntnis über die auszuführenden Tätigkeiten, durch die direkte Bewertung des Arbeitsplatzes und der Arbeitsabläufe möglich.

Qualitätszirkel sind Gruppen von Mitarbeitern, die sich auch außerhalb der Arbeitszeit zur Diskussion von arbeitsbezogenen Themen treffen und Vorschläge zur Verbesserung entwickeln.

Qualitätszirkel sind vor allem in Japan gefördert worden und werden seit den Erfolgen dort auch in den westlichen Industrieländern verstärkt angewandt. Gründe für die Ausbreitung der Qualitätszirkel sind nach Bungard und Antoni (1993) vor allem die moderne Fertigungstechnologie, die von den Mitarbeitern erhöhte Flexibilität unter Beibehaltung einer angemessenen Kontrolle fordert. Qualitätszirkel erweitern die Arbeitskompetenz, binden aber die Einzelnen in den loyalitätsfördernden Gruppenprozess ein. Verschärfter internationaler Wettbewerb fordert hohe Fertigungs- und Produktqualität, die durch Steigerung des Qualitätsbewusstseins der Mitarbeiter zu erzielen ist. Der Wandel der Wertorientierungen und die Einstellungen zur Arbeit führen dazu, Mitarbeitern verstärkt Mitgestaltungs- und Mitentscheidungsmöglichkeiten einzuräumen, was durch Qualitätszirkel geschehen kann. Vorteile von Qualitätszirkeln sind höhere Produktivität, Ersparnisse bei Energie- und Rohstoffkosten durch bessere Planung, höhere Qualität des Outputs, bessere Zusammenarbeit, höhere Mitarbeiterzufriedenheit, weniger Unfälle, Verbesserung der Qualifikation der Mitarbeiter usw. (Bungard und Antoni, 1993; von Rosenstiel, 1992).

Das Lernstatt-Konzept wurde in Deutschland bei Firmen wie BMW, Hoechst oder MAN entwickelt, mit dem Ziel, ausländische Arbeiter zu integrieren und ihre sozialen Kompetenzen auszubauen. Heute dient die Lernstatt vorwiegend der Persönlichkeitsförderung durch gruppendynamische Prozesse und Kreativtechniken und in zweiter Linie der Förderung der Produktivität.

> **Das Ziel der Lernstatt ist die Integration von Mitarbeitern aus verschiedenen Kulturen und mit unterschiedlicher Sprache.**

Das Lernstatt-Modell entstand in den 1970er Jahren als Versuch, vorhandene Sprachprobleme mit ausländischen Mitarbeitern zu lösen, nachdem im klassischen Sprachunterricht nicht die gewünschten Erfolge erzielt wurden. Das Erlernen der Sprache erfolgte vor Ort, das heißt, direkt am Arbeitsplatz, lösungsorientiert an praktischen Tätigkeiten und Abläufen. „Die Werkstatt wurde zu einem Ort des Lernens, zur ‚Lernstatt', das Werkzeug zum ‚Lernzeug', der Meister zum ‚Sprachmeister'" (Bungard und Antoni, 1993, S. 384). Die Lernstatt kann als Spezialfall der Qualitätszirkel gesehen werden (Bungard und Antoni, 1993). Dieses Modell erwies sich in verschiedenen Unternehmen als äußerst erfolgreich, da es neben der erhofften Verbesserung der Sprachkenntnisse und der damit verbundenen Reduktion der Kommunikationsprobleme quasi „nebenbei" Entwicklungen im Erwerb von Fachkenntnissen gab und eine Verbesserung der Sozialkompetenz und effektivere Arbeitsabläufe erwirkte.

Ausgehend von diesen Erkenntnissen wurde das Modell „Lernstatt" weiterentwickelt und wird nun nicht mehr nur eingesetzt, um Sprache zu vermitteln, sondern auch, um Mitarbeiter der unteren Hierarchieebenen an der Lösung betrieblicher Probleme mitarbeiten zu lassen. Die Mitarbeit an einer Lernstatt erfolgt freiwillig, die Themen werden von der Gruppe eigenständig gewählt, sind jedoch arbeitsbezogen (Bungard und Antoni, 1993). Kernmerkmale einer Lernstatt sind daher – ähnlich den Qualitätszirkeln – Kleingruppenarbeit, Teilnahme von Mitarbeitern der unteren Hierarchieebenen, Freiwilligkeit und frei gewählte (arbeitsbezogene) Themen.

Werkstattzirkel entstanden in den 1980er Jahren und waren von Beginn an danach ausgerichtet, betriebliche Produktionsprobleme zu lösen. Wieder wird in Kleingruppen gearbeitet, die Themen sind jedoch vorgegeben. Die Mitarbeiter entstammen unterschiedlichen Hierarchieebenen und werden für ihre Mitwirkung ausgewählt (Mauch, 1981). Die Anzahl der Arbeitssitzungen ist vorgegeben und unabhängig vom Stand der Problemlösung. In dieser (ursprünglichen) Form kann das Konzept der Werkstattzirkel

> **Werkstattzirkel sind Gruppen von ausgewählten Mitarbeitern, die vorgegebene Themen bearbeiten.**

nicht als Spezialfall eines Qualitätszirkels gesehen werden (Bungard und Antoni, 1993). Kernmerkmale eines Werkstattzirkels sind Kleingruppenarbeit, die Teilnehmer entstammen verschiedenen Hierarchieebenen, sie werden je nach Problemstellung ausgewählt und die Themen sind vorgegeben.

Projektgruppen werden im Gegensatz zu den bisher beschriebenen Gruppen eingerichtet, um neue, komplexe Aufgabenstellungen zu bearbeiten. Das Ziel der Gruppe ist vorgegeben. Die Teilnehmer kommen im Allgemeinen aus unterschiedlichen Arbeitsbereichen, sind Experten und werden aufgrund ihrer Kompetenzen ausgewählt (DIN 69901; Bungard und Antoni, 1993). Die Teilnehmer von Projektgruppen finden sich zusammen, weil sie dazu ausgewählt wurden, und bearbeiten ein vorgegebenes Problem. Sie werden aufgrund ihres Fach- oder betriebsinternen Wissens bestimmt und entstammen mittleren oder höheren Hierarchieebenen. Ziele von Projektgruppen sind nicht – wie bei Qualitätszirkeln – die Verbesserung des Arbeitsklimas oder der Arbeitszufriedenheit, sondern die Steigerung der Produktivität, die Steigerung der Qualität und Erörterung von Maßnahmen zur Kostensenkung (Bungard und Antoni, 1993).

Projektgruppen sind Teams von ausgewählten Experten, mit dem Ziel, komplexe Aufgabenstellungen zu bearbeiten und Ziele zu realisieren.

In allen angeführten Gruppen werden Probleme erörtert und Entscheidungen getroffen. Es entwickeln sich dabei Prozesse, welche die Effizienz der Aufgabenbewältigung beeinflussen können.

3   Zur Lösung von Problemen

Leitfragen
- Welche Strategien werden zur Lösung von Problemen angewandt?
- Was bedeutet Unsicherheit, Zielorientierung und Verallgemeinerbarkeit von Strategien?
- Können Gruppen effizienter Probleme lösen als Individuen?
- Was sind konjunktive und disjunktive Probleme?

Zur Lösung von Problemen sind Lösungsstrategien erforderlich. Adäquate Strategien kann man dann finden und anwenden, wenn ein Problem identifiziert und definiert werden konnte. In komplexen Umwelten unter sich ständig verändernden Sachverhalten ist es schwierig, relevante Probleme von nebensächlichen zu differenzieren. Wann weicht eine Entwicklung bedeutsam von den erwarteten Veränderungen und Standards ab? Wann ist die Abweichung alarmierend, weil eine unkontrollierbare Entwicklung droht? Welche Probleme müssen bearbeitet, welche können ignoriert werden, weil sie folgenlos bleiben oder „sich von selbst lösen"?

Je nach subjektiver mentaler Repräsentation einer Aufgabe können Veränderungen, die bedeutsame Abweichungen von üblichen Standards anzeigen, von Personen unterschiedlich gut erkannt werden. Das Selbstverständnis einer Führungskraft, ihre Vorstellungen, Meinungen und Mythen, ihr Wissen und ihre Stereotype und Vorurteile stellen einen Wahrnehmungs- und Handlungsfilter dar, der die Interpretation der Ereignisse und der „Realität" steuert. Führungskräfte – oder all-

Das Selbstverständnis und Persönlichkeitsprofil einer Führungskraft stellen einen Wahrnehmungs- und Handlungsfilter dar, der die Interpretation der Ereignisse und der „Realität" steuert.

gemein Personen, die Probleme lösen – „konstruieren" ihre Umwelt und ihre Rahmenbedingungen sowie die anstehenden Aufgaben und haben damit unterschiedliche Bilder oder Repräsentationen von Problemen und halten unterschiedliche Strategien für unterschiedlich erfolgreich. Wie in allen Lebensbereichen, in denen Menschen Aufgaben bewältigen, sind auch in Problemlösungssettings Emotionen für die Dynamik der Lösung relevant (Janis und Mann, 1977, Koopman et al., 1998). Emotionen beeinflussen die rationale Analyse und Lösung von Aufgaben, die Bereitschaft, risikoreiche Schritte einzuschlagen oder Risiko zu vermeiden. Gefühle und „egozentrische Beschränkungen" (wie das Streben nach Anerkennung, der Versuch der Aufrechterhaltung eines positiven Selbstbildes und der Wunsch nach Befriedigung anderer individueller Bedürfnisse) erleichtern oder erschweren die erfolgreiche Lösung von Problemen. Menschen sind nicht nur bei der Bearbeitung von Problemen eingeschränkt rational, sondern können auch bei der Wahrnehmung und Interpretation nicht den Filter ihrer Subjektivität ablegen.

Gelingt das „pathfinding" nicht oder nur unzureichend, werden nachfolgende Lösungsschritte behindert, die Lösung von Problemen kann nicht optimal sein. Die Qualität der Problemlösung hängt unter anderem von der Fähigkeit der Person ab, die Umwelt zu strukturieren und zu analysieren, Auffälligkeiten zu erkennen und nicht bedeutsame Abweichungen von üblichen Standards ignorieren zu können. „Gute Problemlöser" müssen auch gute „Problementdecker" sein.

Ist ein Problem identifiziert, folgt die Problembearbeitung. Auch die Bearbeitung hängt von individuellen Eigenheiten der Problemlöser ab.

3.1 Strategien

Die wesentlichsten Aspekte, auf die bezüglich der Problembearbeitung eingegangen wird, sind die situationsspezifische Modifikation von Regeln, die Anwendung von sicheren Strategien oder solchen, die mit einer bestimmten Wahrscheinlichkeit zum Ziel führen, das heißt, es wird algorithmisches versus heuristisches Vorgehen beschrieben (Robertson, 2001). Weiter wird die Orientierung am Start- oder Zielzustand, also die Anwendung von vorwärtsversus rückwärtsgerichteten Strategien, sowie die Applikation von mehr oder weniger spezifischen, starken versus schwachen Strategien beschrieben.

Im Verlauf eines Problemlösungsversuchs kommt es immer wieder zu Lernfortschritten, die Lösung des Problems wird dann wahrscheinlicher, die eines neuen Problems aus dem gleichen oder einem ähnlichen Problembereich einfacher. Die Fähigkeit, aus früheren Problemlösungsversuchen – unabhängig davon, ob diese erfolgreich waren oder nicht – zu lernen, beeinflusst in einem wesentlichen Ausmaß den Erfolg bei jeder neuen Problemlö-

Strategien zur Lösung von Problemen sind die Anti-Looping-Regel, Bildung von Makroregeln und Chunking, die Generalisation beziehungsweise Spezialisierung von Regeln.

sung. Einige Regeln der Problembearbeitung, die gelernt und generalisiert werden können, sind im Folgenden angeführt:

- *Anti-Looping-Regel*: Diese Regel verhindert, dass sich Personen bei der Bearbeitung von Problemen „im Kreise drehen", das heißt, immer wieder zurück zu einem bereits erreichten Problemzustand kommen. Beim Turm von Hanoi könnte sich ein Drehen im Kreis dann manifestieren, wenn die Scheiben immer wieder in gleicher Weise abgelegt werden. Im Büroalltag würde eine Anti-Looping-Regel dann angewandt, wenn bereits durchgesehene Post sofort nach bestimmten Kriterien abgelegt oder entsorgt und nicht wieder auf einen Stapel zurückgelegt wird, der wiederholt durchgesehen werden muss.

- *Zusammenfügung zweier Regeln*: Haben sich zwei Regeln als erfolgreich erwiesen und sind sie kompatibel, so können sie durch eine einzige kombinierte Regel ersetzt werden. Dies reduziert das notwendige Arbeitsgedächtnis und erhöht die Effizienz der Problembearbeitung. Haben sich etwa relativ lange Werbespots bei neuen Produkten bewährt und ebenso die primäre Verwendung einer bestimmten Farbe, etwa leuchtendes Grün in Spots für Putzmittel, so wäre das Ergebnis des Zusammenfügens zweier Regeln bei der Entwicklung eines Werbefilms für ein neues Putzmittel ein langer, in grün gehaltener Werbefilm.

- *Generalisation* beziehungsweise *Spezialisierung durch Diskriminationslernen*: Zeigt sich während der Bearbeitung eines Problems, dass eine Regel zu restriktiv oder zu allgemein angewendet wurde und es dadurch zu Fehlern oder Verzögerungen kam, so wird die Regel speziell auf ihre situationsspezifischen Anwendungsbedingungen modifiziert. Bei obigem Putzmittel-Beispiel könnte sich eine Generalisierung auf Waschmittel, Kosmetika oder den gesamten Non-Food-Bereich als erfolgreich erweisen; andererseits könnte sich aber auch zeigen, dass eine bestimmte Regel viel spezifischer angewendet werden muss als angenommen, etwa nur für Küchenputzmittel.

- *Chunking*, eine weitere Regel, meint die „Weiterentwicklung" des Zusammenfügens zweier Regeln: Eine starke Makroregel wird entwickelt, die auf viele Bedingungen anwendbar ist und viele Handlungsinformationen enthält. Chunking entlastet das Arbeitsgedächtnis wesentlich. Ein Beispiel hierfür ist das Schreiben von Worten statt Buchstabieren von Worten oder Sätzen.

Wichtig für die erfolgreiche Problemlösung ist es, nicht nur eine passende Strategie zu finden und anzuwenden, sondern auch, rechtzeitig und unter sparsamen Einsatz von Ressourcen von einer bereits bekannten, erfolgreichen Strategie dann in einer neuen Situation wieder abzulassen, wenn sie nicht erfolgversprechend ist, und andere, effizientere Strategien zu überlegen. Je nach Unsicherheit, Zielorientiertheit und Verallgemeinerbarkeit werden unterschiedliche Problemlösungsstrategien unterschieden:

- *Unsicherheit*: Problemlösungsstrategien können unter anderem daran unterschieden werden, mit welcher Wahrscheinlichkeit sie zum Ziel führen oder, anders ausgedrückt, welches Ausmaß von Unsicherheit ihnen anhaftet. „Algorithmen" sind dabei von „Heuristiken" zu unterscheiden: Ein Algorithmus ist eine sichere Regel, die bei korrekter Anwendung zur Problemlösung führt (z.B. die Additionsregel). Heuristische Strategien führen hingegen nur mit einer bestimmten Wahrscheinlichkeit zum gewünschten Ergebnis, wie beispielsweise ein Vorgehen nach Versuch und Irrtum. Heuristische Strategien sind für die Erforschung des Problemlösungsverhaltens deutlich interessanter als algorithmisches Vorgehen. Teilweise wird aber in der Forschung die Begriffsdefinition für „Problem" so eng gezogen, dass

> **Ein Algorithmus ist eine sichere Regel, die bei korrekter Anwendung zur Lösung führt; heuristische Strategien führen hingegen nur mit einer bestimmten Wahrscheinlichkeit zum gewünschten Ergebnis.**

nur dann von einem Problem gesprochen wird, wenn ein Algorithmus angewendet werden muss, und nicht auch dann, wenn die zur Lösung notwendige (Rechen)Regel nicht bekannt ist, wie etwa bei Computersimulationen.

In der Praxis stehen Algorithmen selten für die Lösung von Aufgaben beziehungsweise Problemen zur Verfügung. Meist wird ein heuristisches Vorgehen gefordert und damit die Akzeptanz von Risiko.

- *Zielorientiertheit*: Die subjektive Einschätzung eines Problemlösungszustandes erfolgt zunächst durch die Orientierung an der Entfernung vom Anfangszustand zu dem bereits zurückgelegten Lösungsweg. Erst mit zunehmender Erfahrung in der Problembearbeitung kommt es zu einer Orientierung an der Entfernung zum Zielzustand, dem noch zurückzulegenden Weg.

Unterschieden werden Strategien daher auch danach, ob sie am Ziel orientiert sind, also rückwärtsgerichtet, oder am Ausgangszustand, also vorwärtsgerichtet. Von vorwärtsgerichteten Strategien spricht man dann, wenn vom Ausgangszustand ausgegangen wird und der Problemlösungsfortschritt auch stets als „Entfernung vom Ursprungszustand" bewertet wird. Das Ziel wird dabei nicht beachtet, bloß „eine Veränderung" vom Anfangszustand angestrebt. Dieses Vorgehen ist einfacher als rückwärtsgerichtete Strategien, da weniger Planung und Voraussicht notwendig sind, aber gleichzeitig auch weniger erfolgversprechend. Besteht zum Beispiel ein Problem mit einem Marktleiter, der durch seinen extrem autoritären Führungsstil immer wieder Konflikte mit seinen Mitarbeitern provoziert, so wäre eine vorwärtsgerichtete Strategie der Geschäftleitung jene, den Leiter in eine andere Filiale zu versetzen. Dadurch ist das Problem zwar für den Augenblick „gelöst". Eine Veränderung, weg vom Ausgangszustand, wurde erreicht. Bei genauerer Betrachtung handelt es sich jedoch nur um eine Verschiebung des Problems, da anzunehmen ist, dass die Konflikte mit den Mitarbeitern auch in der anderen Filiale auftreten werden.

Lösungsstrategien können vorwärtsgerichtet, am Ausgangszustand orientiert sein; oder sie sind rückwärtsgerichtet, am Zielzustand orientiert.

Bei rückwärtsgerichteten Strategien steht das Ziel im Zentrum der Aufmerksamkeit und das Lösungsvorgehen ist durch Planung gekennzeichnet. Die einzelnen Transformationsschritte zur Lösung hin werden geplant und immer wieder in Bezug auf den Zielzustand bewertet. Die rückwärtsgerichteten Strategien sind damit aufwendiger als vorwärtsgerichtete, aber auch erfolgversprechender. Im Beispiel des unangemessen autoritären Filialleiters wären rückwärtsgerichtete Problemlösestrategien jene, die auf eine Verhaltensänderung beziehungsweise die Veränderung der Beziehung zwischen Filialleiter und Mitarbeitern ausgerichtet sind: Mitarbeitergespräche, Führungstrainings oder im extremsten Fall, die Kündigung des Leiters.

Owen und Sweller (1985) zeigten, dass die unterschiedliche Orientierung am Ausgangspunkt beziehungsweise am Ziel unterschiedlich effizient ist. Zwei Gruppen von Personen hatten die Aufgabe, die Länge der Seiten eines Dreiecks zu berechnen. Eine Gruppe erhielt eine spezifische Zielvorgabe, welche die Anwendung rückwärtsgerichteter Strategien nahe legte. Es sollte eine bestimmte Seitenlänge berechnet werden. Die zweite Gruppe von Personen arbeitete mit unspezifischer Zielsuche, also vorwärtsgerichtet. Dies wurde mit der Instruktion erreicht, „möglichst viele unbekannte Größen zu berechnen". In der ersten Gruppe, mit exakter Zielangabe, wurden weniger Fehler gemacht und höhere Lerneffekte erzielt als in der zweiten. Bei der Bearbeitung eines Problems sollte darauf geachtet werden, möglichst rückwärtsgerichtet vorzugehen. Dazu muss das Ziel bekannt sein und auch stets „im Auge behalten" werden. Bei den meisten Problemstellungen im Alltag reicht es nicht, sich bloß „vom Ausgangszustand wegzubewegen". Ähnliche Befunde werden aus der Motivationsforschung berichtet, wonach hohe und sehr konkrete Ziele leistungsförderlich wirken (siehe Kirchler und Rodler, 2002).

- *Verallgemeinerbarkeit*: Betrachtet man die Breite der Anwendbarkeit von Problemlösungsstrategien, so kann zwischen starken und schwachen Strategien unterschieden werden. Starke Strategien sind nur problemspezifisch anwendbar und nicht verallgemeinerbar, das heißt, sie nützen bei der Bearbeitung anderer Probleme kaum. Schwache Strategien sind allgemeiner formuliert und daher deutlich vielseitiger einsetzbar. Die Entwicklung von schwachen Strategien ist jedoch aufwendiger, zeitintensiver und schwieriger.

Eine schwache Strategie besteht darin, einen Problemlösungsprozess zu gliedern, beispielsweise zunächst zu planen oder Teilprobleme zu lösen. Allgemein könnte in drei Schritten vorgegangen werden: Im ersten Schritt wird ein Problem vereinfacht, das heißt, auf das Wesentliche reduziert, ohne Randbedingungen zu beachten, dann wird dieses vereinfachte Problem gelöst und im letzten Schritt schließlich versucht, die Lösung des einfachen Problems auf das komplexe Gesamtproblem zu übertragen.

Starke Strategien sind problemspezifisch; schwache Strategien sind abstrakter und damit auf verschiedene Probleme anwendbar.

Beim Turm von Hanoi kann beispielsweise die (starke) Strategie erarbeitet werden, dass nie eine Scheibe auf die Position bewegt werden darf, auf der sie zuvor lag. Dies verhindert, dass sich eine Person „im Kreis dreht". Eine derart konkret formulierte Strategie hilft bei anderen Problemen nicht weiter. Lautet die Regel hingegen allgemeiner, dass kein Problemzustand erreicht werden soll, der bereits einmal erreicht war, so wird eine abstraktere, schwache Strategie entwickelt, die auch bei anderen Problemen eingesetzt werden kann.

Die Entwicklung schwacher Strategien ist Voraussetzung für Lernprozesse, die aus bereits bearbeiteten Problemsituationen resultieren und die Lösung neuer Probleme erleichtern. Gelingt die Übertragung von Erfahrungen auf neue Situationen nicht, wird immer wieder ein Problemlösungsprozess neu in Angriff genommen und mögliche Ressourcen nicht effizient genutzt.

3.2 Problemlösung von Individuen und in Gruppen

Je schwieriger eine Aufgabenstellung ist und je weniger Erfahrung ein Individuum hat, umso eher ist ein Gewinn von Diskussionen zwischen Gruppenmitgliedern zu erwarten, die unterschiedliche Perspektiven und Lösungstechniken vertreten und meist mehr Informationen verarbeiten können als eine Person allein. Ebenso sind Gruppen von Vorteil, wenn ein Problem in Teilprobleme zerlegbar ist (Robbins, 2001). Die Effektivität einer Gruppe hängt sowohl von „harten" als auch von „weichen" Faktoren ab. „Harte Faktoren" sind beispielsweise die Problemschwierigkeit, die Anzahl der zu bearbeitenden (Teil)Probleme, die zur Verfügung stehenden Hilfsmittel (z.b. Lexika, Taschenrechner) und die physische Arbeitsumgebung (z.b. Lichtverhältnisse, Raumklima, Raumangebot). „Weiche Faktoren", die ebenfalls Wirkung auf die Zielerreichung einer Gruppe haben, sind die Anzahl der Gruppenmitglieder, das Ausmaß des Gruppenzusammenhalts, die gegenseitige Abhängigkeit der Gruppenmitglieder, die Art und Häufigkeit von Interaktionen zwischen den Gruppenmitgliedern sowie die Werte und Normen der einzelnen Gruppenmitglieder und der Gesamtgruppe. Gruppen leisten im Allgemeinen dann mehr als Einzelpersonen, wenn das Trittbrettfahren Einzelner unterbunden werden kann und die Kommunikation zwischen den Gruppenmitgliedern reibungslos verläuft (von Rosenstiel, 1993).

Die Art eines Problems ist dafür entscheidend, ob eine Gruppe erfolgreicher ist als Einzelpersonen. Bekanntlich fallen körperliche Arbeiten – wie etwa das Heben von Lasten – einer Gruppe leichter. Mit zunehmender Gruppengröße reduziert sich jedoch die relative Beteiligung des Einzelnen, die relative Anstrengung sinkt und der Koordinationsaufwand steigt (von Rosenstiel, 1993). Bei Schätzaufgaben, beispielsweise der Schätzung des Gewichtes eines Objektes, sind die mittleren Schätzungen den Einzelschätzungen durch den statistischen Fehlerausgleich überlegen. Geht es um schwer durchschaubare, logische oder sachliche Zusammenhänge und haben die Gruppenmitglieder entweder vage Vorstellungen und unvollständiges Wissen oder einander widersprechende Vermutungen über den zu bearbeitenden Sachverhalt und über Vorgehensweisen, bestehen aber keine grundsätzlichen Interessensgegensätze zwischen den Mitgliedern einer Gruppe und sind idealerweise die Gruppenmitglieder ganz auf Kooperation eingestellt, dann dürften Gruppen eher eine Lösung finden als Einzelpersonen.

Zu unterscheiden sind konjunktive von disjunktiven Aufgaben. Von konjunktiven Aufgaben wird gesprochen, wenn keines der Gruppenmitglieder über das gesamte, zur Lösung eines Problems notwendige Wissen verfügt, jedoch jedes Gruppenmitglied Teilwissen besitzt und sich dieses ergänzt. Die

Bei konjunktiven Aufgaben verfügt keines der Gruppenmitglieder über das gesamte, zur Lösung eines Problems notwendige Wissen, das Wissen der Mitglieder ergänzt sich aber zum gesamten notwendigen Wissen. Disjunktive Aufgaben sind so gestaltet, dass ein Gruppenmitglied die Lösung kennt und die anderen sie akzeptieren müssen.

Gruppe kann in diesem Fall ein Problem eher lösen als eine Einzelperson. Disjunktive Aufgaben sind so gestaltet, dass ein Gruppenmitglied die Lösung kennt und die anderen sie akzeptieren müssen. Derartige Aufgaben können von Gruppen nicht besser erledigt werden als von Einzelpersonen. Während eine konjunktive Verknüpfung der individuellen Problemlösungsbeiträge bedeutet, dass die Lösung nur gefunden wird, wenn jedes Gruppenmitglied seinen spezifischen Beitrag leistet, beispielsweise dann, wenn ein Banksafe nur dann geöffnet werden kann, wenn von mehreren Vertrauenspersonen jede ihren Schlüssel betätigt, kommt es bei einer disjunktiven Verknüpfung allein darauf an, dass wenigstens ein Gruppenmitglied weiß, wie die Aufgabe gelöst wird (z.B. den zum Safe passenden Schlüssel hat) und die übrigen Gruppenmitglieder diese Lösung akzeptieren, etwa weil sie dann, wenn sie bekannt ist, unmittelbar einsichtig ist. Strikt konjunktiv sind Aufgaben dann, wenn Sachkenntnisse, Informationen oder Legitimationen in nicht überlappenden Teilmengen unter den Mitgliedern verteilt sind, beziehungsweise wenn eine strikte Arbeitsteilung vereinbart ist. Disjunktive Aufgaben sind solche, die prinzipiell auch von einer Person allein gelöst werden könnten und jedés Mitglied in der Lage sein könnte, das Niveau der Gruppe durch sein Verhalten auf das maximale Effizienzlevel zu heben.

Während bei konjunktiven Aufgaben schon definitionsgemäß die Zusammenarbeit mehrerer erforderlich ist, stellt sich bei disjunktiven Aufgaben die Frage, ob die Gruppe die geeignete Organisationsform zur Lösung der Aufgabe ist. Das Modell nach Lorge und Solomon (1955) zum Vergleich der Effektivität von Gruppen und Individuen macht Lösungswahrscheinlichkeiten „berechenbar". Die Wahrscheinlichkeit p_G, dass eine Gruppe die Lösung des anstehenden Problems findet, ergibt sich nach Lorge und Solomon (1955; zitiert in Brandstätter, 1988) unter der Voraussetzung, dass jedes der r Gruppenmitglieder mit der Wahrscheinlichkeit p_I allein die Lösung finden würde und dass sich die individuellen Lösungswahrscheinlichkeiten nicht durch die soziale Situation ändern, nach folgender Regel:

$$p_G = 1 - (1 - p_I)^r$$

Nach dieser Formel ist die Lösungswahrscheinlichkeit der Gruppe der Lösungswahrscheinlichkeit eines Individuums umso mehr überlegen, je schwieriger das Problem und je größer die Gruppe ist.

Die Annahmen des Modells erscheinen sehr theoretisch und in der Praxis kaum erfüllbar. Zum einen kann kaum jemals erwartet werden, dass zwei oder mehr Grup-

Schwierige Probleme können von Gruppen mit mehreren Mitgliedern eher gelöst werden als von kleinen Gruppen oder Einzelpersonen.

penmitglieder die gleichen für eine Aufgabenstellung relevanten Fähigkeiten, Fertigkeiten und Kenntnisse besitzen und damit die gleichen Lösungswahrscheinlichkeiten haben. Weiters ändert sich bekanntlich das Verhalten von Individuen, wenn andere Personen anwesend sind. Hinzu kommt die mathematisch notwendige und praktisch ebenfalls unrealistische Annahme, die Lösungswahrscheinlichkeiten der einzelnen Gruppenmitglieder seien unabhängig voneinander (Herkner, 1991). Die prinzipiellen Grundannahmen, dass die Lösungswahrscheinlichkeit einer Gruppe im Vergleich zu jener einer Einzelperson mit zunehmender Gruppengröße und Problemschwierigkeit steigt, erscheinen jedoch korrekt. Das Modell kann daher als „Faustregel" gelten. Im Folgenden wird anhand einiger Rechenbeispiele illustriert, wie der Gruppenvorteil mit zunehmender Aufgabenschwierigkeit und Gruppengröße steigt:

- Beispiel 1: Bei drei Gruppenmitgliedern und einer Lösungswahrscheinlichkeit jeder Person von $p_I = 0,2$ ergibt sich nach obiger Formel für die Lösungswahrscheinlichkeit der Gruppe $p_G = 0,49$. Die Gruppenlösung ist damit in diesem Fall überlegen, denn sie ist 2,5-mal wahrscheinlicher als Einzellösungen.
- Beispiel 2: Bei drei Gruppenmitgliedern, jedoch einem schwierigeren Problem mit einer individuellen Lösungswahrscheinlichkeit von $p_I = 0,1$ ergibt sich die Lösungswahrscheinlichkeit der Gruppe von $p_G = 0,27$. Im Fall eines besonders schwierigen Problems ist die Gruppe Einzelnen noch stärker überlegen.
- Beispiel 3: Ist das Problem so schwierig wie in Beispiel 1 und sind fünf Personen mit der Lösung befasst, so ergibt sich ein Vorteil für die Gruppe von $p_G = 0,67$.

Die Lösung von Problemen in Gruppen wird auch von sozialen Faktoren beeinflusst. Die Anwesenheit anderer Personen kann hemmend für die Leistung sein. Je schwieriger eine Aufgabe und je weniger und je ungeübter eine Person, umso eher kommt es zu einer Leistungsverschlechterung in der Gruppe (z.B. Wilke und van Knippenberg, 1988; Zajonc, 1965). Die Anwesenheit anderer kann jedoch auch motivieren und zu höheren Anstrengungen führen, wenn beispielsweise Eindruck gemacht werden soll oder Sanktionen zu erwarten sind (Paulus, 1980). Personen reagieren generell unterschiedlich sensibel auf die Anwesenheit anderer, und zwar abhängig vom aktuellen Aktivierungsniveau, ihrer Geübtheit, Angst vor sozialen Konsequenzen, Ablenkbarkeit, Konzentration und dem Wunsch nach Feedback. Mitarbeiter profitieren deshalb unterschiedlich viel von der Arbeit in der Gruppe, und Gruppen sind unterschiedlich effektiv.

4   Zum Treffen von Entscheidungen *)

Leitfragen
- Was ist unter normativen, präskriptiven und deskriptiven Entscheidungsmodellen zu verstehen?
- Wie werden Entscheidungen nach dem Rationalmodell getroffen?
- Was ist unter „zufriedenstellenden Entscheidungen" zu verstehen?
- Was meint „implizite Favoriten"?
- Wie kann Unsicherheit in Entscheidungen reduziert werden?
- Wie werden Entscheidungen in Organisationen und in der Politik beschrieben?
- Welche Quellen von Entscheidungsfehlern sind besonders relevant?
- Was ist unter Heuristiken zu verstehen?
- Inwieweit sind aktuelle Entscheidungen von vergangenen Investitionen abhängig?
- Wie kann Entscheidungsfehlern vorgebeugt werden?
- Treffen Gruppen Entscheidungen effizienter als Individuen?
- Was ist unter Gruppendenken zu verstehen, welche Gefahren birgt es und wie können die Gefahren reduziert werden?
- Sind Gruppen geneigt, riskantere Entscheidungen zu treffen als Individuen?
- Wie wirken Emotionen in Gruppenentscheidungen?
- Welche Techniken zur Verbesserung von Entscheidungen gibt es?

---

*) Teile des Kapitels uber Entscheidungen wurden entnommen aus: E. Kirchler (1999). Wirtschaftspsychologie. Grundlagen und Anwendungsfelder der Ökonomischen Psychologie. Göttingen: Hogrefe.

Wenn verschiedene Ziele zur Realisierung anstehen und die verfügbaren Ressourcen begrenzt sind, dann muss entschieden werden, welche Ressourcen wofür und wie eingesetzt werden. Individuen, Haushalte und Organisationen sind ständig damit konfrontiert, aus vielen Alternativen eine auszuwählen beziehungsweise Entscheidungen zu treffen. In manchen Situationen ist die Wahl einfach, weil die Präferenzen klar und die Konsequenzen der wenigen verfügbaren Alternativen eindeutig sind. Manche Entscheidungen sind unspektakulär, entweder weil die Ergebnisse nicht weiter relevant sind oder weil eine Alternative mit an Sicherheit grenzender Wahrscheinlichkeit zum gewünschten Ziel führt: So muss etwa nicht lange überlegt werden, ob im Winter, wenn es kalt ist, warme Kleidung getragen werden soll oder nicht. Schwieriger werden Entscheidungen, wenn die Anzahl der möglichen Alternativen zunimmt, die Zeit der Bewertung der Alternativen und der Konsequenzen sinkt, wenn Unsicherheit über Ereignisse und deren Ergebnisse oder gar Unwissenheit über die Folgen von Handlungen besteht.

Entscheidungstheorien wurden in verschiedenen Wissenschaftsdisziplinen entwickelt. Je nach Sichtweise des Menschen, wird von Theorien gesprochen, die von rationalem Handeln ausgehen, oder solchen, die irrationales, vor allem gefühlsbetontes Handeln annehmen. In der Ökonomie und später auch in der Psychologie und anderen Sozial- und Formalwissenschaften wird vor allem der Umgang mit Unsicherheit in Wahl- und Entscheidungssituationen thematisiert. Forschungsleitend war dabei hauptsächlich das Modell des homo oeconomicus oder Rationalmodell, das im Folgenden beschrieben wird.

Entscheidungstheorien werden in verschiedenen Wissenschaftsdisziplinen auf der Basis unterschiedlicher Menschenbilder entwickelt.

Außer dem Rationalmodell, das ein normatives Vorgehen beschreibt, werden deskriptive Modelle dargestellt, die Entscheidungen so beschreiben, wie sie tatsächlich im Alltag getroffen werden können. Im Gegensatz zu normativen und deskriptiven Modellen wird in präskriptiven Entscheidungsmodellen ein Vorschlag zur Verbesserung von Entscheidungen in der Praxis angeboten.

Entscheidungstheorien können normativ, präskriptiv oder deskriptiv sein.

4.1 Modelle der Entscheidungsfindung

4.1.1 Normative Modelle: Rationalmodell

Das Modell des homo oeconomicus basiert auf der Annahme, Menschen wären in der Lage – zumindest in wirtschaftlich relevanten Entscheidungssituationen – auf der Basis logischer Gesetze, völlig rational, nach dem Prinzip der Nutzenmaximierung zu handeln. Wenn ausreichend Zeit zur Verfügung steht, um alle möglichen Entscheidungsalternativen zu eruieren, die Motivation und die Fähigkeit, diese Alternativen nach ihren Qualitäten zu beurteilen, und wenn eine Person ein bestimmtes Ziel bestmöglich erreichen will, dann ist sie nach dem Rationalmodell in der Lage, aus dem Set von Alternativen die beste zu wählen. Im Idealfall handeln Menschen rational (Koopman et al., 1998).

> **Das Modell des „homo oeconomicus" ist ein normatives Entscheidungsmodell, das davon ausgeht, dass Menschen rational handeln.**

Das Modell des „homo oeconomicus" ist ein Maximierungsmodell. Das heißt, es handelt sich um ein sogenanntes normatives Entscheidungsmodell, das simuliert, wie ein idealisiertes Individuum optimal Entscheidungen trifft oder treffen sollte. Im Gegensatz dazu wird in deskriptiven Modellen versucht vorherzusagen, wie Individuen tatsächlich Entscheidungen fällen. Einmal wird also ein Optimum, einmal das alltäglich zu beobachtende Verhalten beschrieben.

Nach dem Rationalmodell sind Entscheidungssituationen durch folgende allgemeine Charakteristika geprägt (Kühberger, 1994, S. 5): Es gibt einen bestimmten identifizierbaren Entscheidungsträger, alle Alternativen sind im Voraus festgelegt und der Entscheidungsträger ist darüber vollständig informiert, alle möglichen Konsequenzen können vorweggenommen und bewertet oder in eine Rangordnung gebracht werden, die Bewertung der Konsequenzen geschieht anhand von beständigen Zielen, allen möglichen Ereignissen können Wahrscheinlichkeiten zugeordnet, die Relevanz von Informationen kann beurteilt und relevante Informationen gesucht und gesammelt werden.

Das Rationalmodell bezieht sich in erster Linie auf Entscheidungsprozesse, nicht auf Entscheidungsergebnisse. Wenn Entscheidungen zu treffen sind, muss eine Reihe von Entscheidungsschritten durchlaufen und logische Gesetzmäßigkeiten dürfen nicht verletzt werden, um eine möglichst effektive Entscheidung

> **Das Rationalmodell bezieht sich vor allem auf Entscheidungsprozesse, nicht auf Ergebnisse.**

zu finden. Dass man rationale Wege beschreitet und nach den Regeln der Logik ein Ergebnis sucht, bedeutet nicht, dass ein Entscheidungsergebnis oder Ziel tatsächlich „vernünftig" ist. Fraglich wäre auch, aus welcher Perspektive – aus subjektiver des Individuums, aus ökonomischer, normativ-gesellschaftlicher, ideologischer oder religiöser Sicht – die Rationalität oder Vernünftigkeit eines Ziels bewertet werden soll (Gordon, 1996; Greenberg, 2002; Greenberg und Baron, 2000).

In Organisationen sollten Entscheidungen nach folgenden Schritten ablaufen (Greenberg, 2002; Robbins, 2001, Tosi, et al., 2000):

- *Identifikation der Entscheidungssituation*: Erster Schritt im Entscheidungsprozess ist das Erkennen (relevanter) Sachverhalte. Eine Entscheidungssituation wird als solche erkannt, die Notwendigkeit einer Entscheidung ist unbestritten und Handlungsalternativen werden wahrgenommen. In Organisationen, aber auch in vielen anderen Lebensbereichen, wird von Entscheidungsträgern oft gar nicht erkannt, dass eine Entwicklung droht, die von den üblichen Standards wegführt und deshalb eine Entscheidung ansteht. Oft laufen Prozesse unkontrolliert, im Nachhinein wird dann reklamiert, dass ein Eingriff in das Geschehen, eben eine Entscheidung, zu einem früheren Zeitpunkt notwendig gewesen wäre.
- *Situationsanalyse*: Wird erkannt, dass eine Entscheidung notwendig ist, gilt es, die Rahmenbedingungen zu analysieren. Situative Rahmenbedingungen betreffen die involvierten Personen. Andere Rahmenbedingungen sind Hindernisse und Einschränkungen der Entscheidungsfreiheit und die Vielfalt verfügbarer Ressourcen, wie Zeit, finanzielle Mittel, persönliche Fähigkeiten etc.
- *Festsetzung der Ziele*: Im nächsten Schritt ist festzulegen, welche Ziele es zu erreichen gilt, um letztlich von einer „erfolgreichen" Entscheidung sprechen zu können. Weiter ist die Aufgabenstellung so eindeutig wie möglich zu definieren und sicherzustellen, dass sie den Betroffenen klar ist und verstanden wurde.
- *Suche nach Alternativen*: Ist das Ziel klar, folgt im nächsten Schritt die Suche nach möglichen Wegen zum Ziel. Informationen werden gesammelt, Optionen und deren Merkmale gesichtet und Ideen kreiert.
- *Beurteilung der Alternativen*: Erst nach Abschluss dieses kreativen Prozesses, der Suche nach Alternativen, werden diese bewertet, und zwar in Bezug auf zu erwartende Kosten, Risiken, Konsequenzen und Erfolgswahrscheinlichkeiten. Um eine Überforderung des Entscheidungsträgers zu vermeiden, ist es empfehlenswert, die einzelnen Dimensionen zunächst getrennt zu betrachten und zu beurteilen und erst danach die Ergebnisse zu einem Gesamturteil zu aggregieren.

Die bisherigen Schritte lassen sich auch zur sogenannten „Vorentscheidungsphase" zusammenfassen: Sie ist gekennzeichnet durch unangenehme Spannungen. Die Dauer kann von Entscheidung zu Entscheidung und interindividuell stark variieren (Herkner, 1991).

* *Treffen der Entscheidung*: Die Auswahl der „besten" Alternative geschieht, indem man die verfügbaren Optionen mit dem gewünschten Ziel vergleicht und jene Option wählt, die am ehesten dem Ziel entspricht.

* *Umsetzung der Entscheidung*: Es reicht nicht, eine „gute" Entscheidung zu treffen, wesentlich ist es, diese unter den gegebenen Bedingungen auch zu realisieren. Ähnlich dem Postulat der Motivationspsychologie, dass nach der Schwierigkeit der Wahl eines Ziels auch der Wille groß sein muss, dieses auch unter Mühen zu erreichen (Kirchler und Rodler, 2002), ist auch in organisationalen Entscheidungen die Wahl eines Ziels notwendig, aber erst die Realisierung wesentlich.

* *Beurteilung der Entscheidung*: In der Praxis endet der Entscheidungsprozess zumeist mit der Auswahl einer Alternative. Sinnvoll wäre es jedoch, die getroffene Entscheidung noch einmal zu überprüfen: Erfolgt dies vor der Umsetzung der Entscheidung, und zwar, indem Situation, Ziele und Wege noch einmal analysiert und gegebenenfalls neu bewertet werden, so besteht zumindest die Möglichkeit, die Qualität der Entscheidung zu verbessern. Erfolgt die Überprüfung nicht, können erst nach der Umsetzung Fehlentscheidungen korrigiert und negative Auswirkungen eingeschränkt oder verhindert werden. In der „Nachentscheidungsphase" kann es zu Zweifeln über die Richtigkeit der gewählten Alternative, zu Rationalisierungen im Nachhinein und zu einer völligen Neubewertung der verfügbaren Alternativen kommen (Herkner, 1991).

Erfolgreiche Entscheidungen basieren auf den Fähigkeiten und der Motivation, zu einer optimalen Entscheidung zu gelangen: Aus dem Zusammenfließen von Wissen im jeweiligen Entscheidungsgebiet (task skills), Kommunikationsfähigkeiten, der Motivation und der Fähigkeit, andere von eigenen Ideen zu überzeugen (leadership skills), sowie der Fähigkeit, die notwendigen Schritte einer rationalen Entscheidung durchzuführen (decision-making skills), ergibt sich letztlich die Qualität von Entscheidungen in Organisationen (Gordon, 1996).

Im Betrieb können Personen mit task skills, leadership skills und decision making skills effiziente Entscheidungen treffen.

In der Praxis ist kaum mit den idealen Voraussetzungen, die das Rationalmodell annimmt, zu rechnen: Für Entscheidungen steht nicht unbegrenzt Zeit zur Verfügung, die menschlichen Informationsverarbeitungskapazitäten sind eingeschränkt, Entscheidungen präsentieren sich selten als isolierte

Aufgaben, sondern müssen gefällt werden, während andere Aktivitäten zur Ausführung drängen, in organisatorischen Settings sind oft auch die erforderlichen Kommunikationsstrukturen und Informationsflüsse suboptimal (z.B. Jungermann et al., 1998; Reason, 1992). Für die Praxis stellt das Rationalmodell eine Norm dar; der Alltag ist allerdings adäquater durch deskriptive Modelle beschreibbar, die im Folgenden vorgestellt werden.

4.1.2   Deskriptive Entscheidungsmodelle

Entscheidungen in Organisationen finden selten unter optimalen Bedingungen statt, wo sich eine Person oder eine Gruppe von Personen mit ungeteilter Aufmerksamkeit einer Aufgabe widmet, wo eine Person ein Ziel klar vor Augen hat und dieses optimal zu realisieren versucht. In Organisationen stehen oft simultan verschiedene Aufgaben an, multiple Ziele werden verfolgt, und die Aufmerksamkeit der Entscheidungsträger ist auf viele Aufgaben gleichzeitig gelenkt. Entscheidungen in Organisationen, an denen mehrere Personen beteiligt sind, können folgendermaßen charakterisiert werden:

- *Vermeidung von Entscheidungen*: Die Personen, die in organisatorische Entscheidungen eingebunden sind, haben oft unterschiedliche, teilweise widersprüchliche Interessen und Präferenzen, Entscheidungen werden daher möglichst vermieden oder gerade so „erledigt", wie unbedingt notwendig und gerade noch akzeptabel.
- *Vermeidung von Unsicherheit*: Um Unsicherheit in Entscheidungen zu reduzieren und die komplexe Umwelt „unter Kontrolle zu bekommen", werden Absprachen und Verträge angestrebt.
- Suche nach *Lösungen für spezifische Aufgaben*: Organisationen bemühen sich, Lösungen für spezifische Aufgabenstellungen zu finden. Gesucht wird nach bereits erprobten Lösungen oder zumindest nach solchen, die bereits erprobten Lösungen ähnlich sind.
- Organisationen lernen aus ihren *Erfahrungen*: Suchstrategien und Ziele von Organisationen passen sich von selbst den im Laufe der Zeit geänderten Rahmenbedingungen an (Cyert und March, 1963).

Wollten Menschen in Organisationen Entscheidungen nach dem normativen Modell treffen, würden sie häufig in Zeitnot geraten, unmäßig viele Ressourcen für die Entscheidungsfindung aufwenden und wahrscheinlich nicht selten noch immer im Entscheidungsprozess verharren, während sich längst der Betrieb im Trubel der Entwicklungen verändert hat. Oft müssen Entscheidungsprozesse abgekürzt werden, zwischen

In der Praxis werden Entscheidungsprozesse meist „abgekürzt".

Vernunft und Gespür wird eine Alternative gewählt. Nach dem Modell der Gegenargumente wird versucht, „auf Nummer sicher" zu gehen, indem jene Alternative gewählt wird, bei der negative Effekte am unwahrscheinlichsten scheinen. Nach einem Grobentwurf einer akzeptablen Lösung sucht man nach einer möglichen Vorgehensweise und überlegt mögliche Gegenargumente und Einwände. Durch Wiederholung dieser Strategien werden eine Reihe von Vorgehensweisen entworfen, bis eine Alternative zufriedenstellend erscheint (Gordon, 1996).

Manchmal wird nach Intuition und Gespür vorgegangen. Intuition kann als Konglomerat aus Erfahrung in ähnlichen Situationen und Persönlichkeitseigenschaften beschrieben werden. Statt nach rationalen Gesichtspunkten zu handeln, finden Kompatibilitätstests statt, um eine Option auszuwählen: Jede Option wird mit Werten, Zielen und Annahmen verglichen und jene wird gewählt, die den Standards am ehesten entspricht.

Entscheidungen nach Modellen der „limitierten Rationalität" haben gegenüber strikt rationalem Verhalten den Vorteil, Ressourcen, vor allem Zeit, zu sparen und dennoch zu einer zufriedenstellenden Lösung zu gelangen. Das Modell geht davon aus, dass die „optimale" Lösung in der Praxis keine bedeutenden Vorteile gegenüber einer zufriedenstellenden Lösung bietet und der Preis der Zeit, des Suchaufwandes, der Informationsverarbeitung usw. zu hoch wäre (Koopman et al., 1998).

Herbert Simon (1957) kritisiert die Rationalitätsannahmen, welche die kognitiven Kapazitäten des Menschen übersteigen, und nennt das Ziel, den subjektiven Nutzen zu maximieren, eine Last. Menschen haben begrenzte Möglichkeiten zu rationalem Verhalten (bounded rationality). Wenn Menschen nicht die beste Alternative suchen, sondern angenommen wird, dass sie „nur" eine „gute" Wahl treffen möchten, dann wird vieles leichter. Anstelle des Optimierungsmodells tritt das Modell zufriedenstellender Entscheidungen (satisficing principle), das postuliert, dass sich Menschen in

> **Nach dem Modell der „bounded rationality" suchen Menschen nicht nach der „besten" Alternative, sondern begnügen sich mit einer „zufriedenstellenden".**

komplexen Entscheidungssituationen innerhalb der Grenzen beschränkter Rationalität (bounded rationality) bewegen: Sie konstruieren einfache Entscheidungen, wählen die hervorstechendsten Merkmale oder Kriterien der Aufgaben aus und vernachlässigen oder übersehen einen Großteil von Merkmalen. Nicht alle Alternativen, die der Markt bietet, sondern nur einige wenige können begutachtet werden. Die in die Auswahl einbezogenen Alternativen werden nach ihren augenfälligsten Merkmalen beurteilt, und, wenn eine Alternative in etwa den Anforderungen des Individuums entspricht, wird sie gewählt. Anstelle einer Gewinnmaximierung begnügen sich Entscheidungsträger bereits mit einem akzeptablen Minimalniveau. Während im Optimierungsmodell alle verfügbaren Alternativen bewertet werden und damit die Reihenfolge der Berücksichtigung der Alternativen ohne Bedeutung ist, können Entscheidungen nach dem Satisficing-Prinzip von der Reihenfolge abhängen, in der die zu berücksichtigenden Alternativen begutachtet werden. Die letzten Alternativen haben geringere Chancen gewählt zu werden als die ersten, denn die erste zufriedenstellende Alternative wird akzeptiert (Abbildung 13).

Abb. 13: Entscheidungsmodell nach dem Prinzip einer zufriedenstellenden Alternative (aus Kirchler, 1999, S. 53)

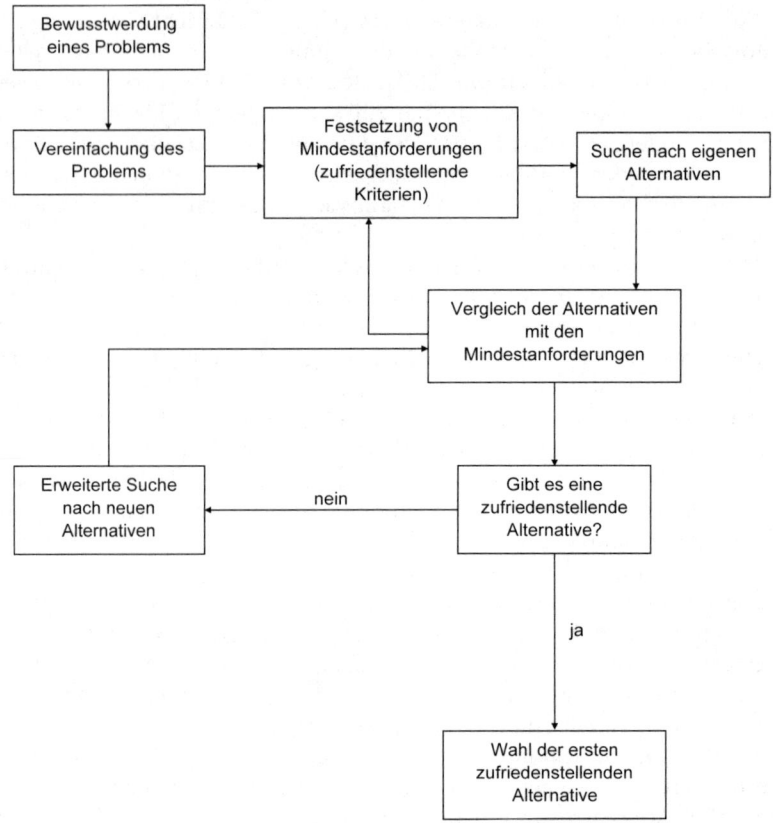

Ein Entscheidungsmodell, das mit noch weniger restriktiven Annahmen auskommt, wurde von Soelberg (1967) als implicit-favorite-model vorgestellt (Abbildung 14). Darin wird angenommen, dass sich Entscheidungsträger spontan für eine aus den verfügbaren Lösungsalternativen entscheiden. Diese Alternative wird implizit zum Favoriten und mit anderen Alternativen verglichen. In den Vergleichsprozessen werden hauptsächlich Vorurteile zu rechtfertigen versucht. Gesucht wird nach Bestätigung für die spontan bevorzugte Alternative. Den

Nach dem „implicit-favorite-model" wird spontan eine Alternative bevorzugt und versucht, die Wahl zu rechtfertigen.

Entscheidungsträgern ist oft nicht bewusst, dass sie sich bereits für eine Alternative entschieden haben und bereits Prozesse nach der eigentlichen Entscheidung entwickeln, welche die Auswahl rechtfertigen. Erst nach der impliziten Wahl werden Entscheidungskriterien isoliert, die der ausgewählten Alternative angepasst werden. Es scheint leichter zu sein, die implizit favorisierte Alternative im Nachhinein zu rechtfertigen, als entsprechend einem Soll-Modell aus gegebenen Alternativen auszuwählen.

Abb. 14: Entscheidungsmodell nach dem Prinzip einer implizit favorisierten Alternative (aus Kirchler, 1999, S. 54)

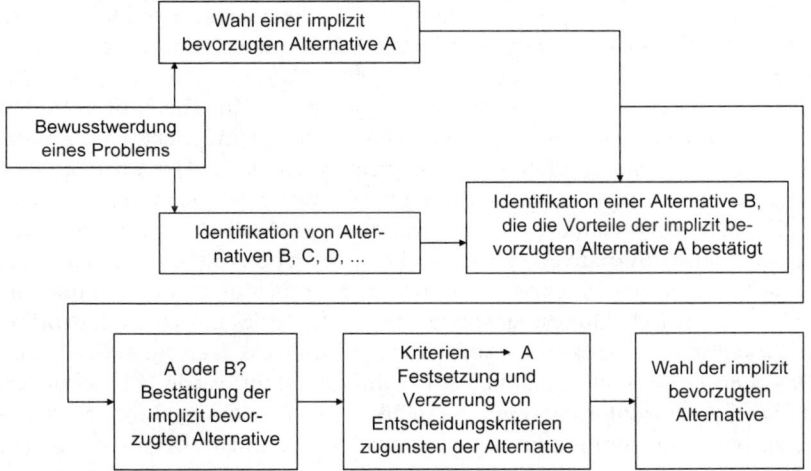

Ein weiteres Konzept zur Beschreibung von Entscheidungen stammt von Lipshitz und Strauss (1997). Die Autoren befassen sich mit verschiedenen Konzepten von Unsicherheit und Risiko und verstehen darunter letztlich ein Gefühl des Zweifels, das zu einer Verzögerung von Aktionen führt. Wie gehen nun Menschen mit Unsicherheit um?

Unsicherheit in Entscheidungssituationen wird durch unterschiedliche Strategien zu reduzieren versucht.

Zum einen (a) kann man versuchen, Unsicherheit zu reduzieren, etwa indem neue Informationen gesucht werden, zugewartet wird, bis neue Kenntnisse erlangt werden, etc. Zum anderen (b) kann versucht werden, Unsicherheit zu akzeptieren und auf deren Basis eine Entscheidung zu treffen, gleichzeitig aber auch zu überlegen, welche Konsequenzen potenzielle Risiken haben und wie man diesen begegnen könnte. Schließlich kann (c) Unsicherheit ignoriert werden. Um zu einer Handlung zu kommen, wird von Individuen und Gruppen Unsicherheit manchmal unterdrückt: Personen wiegen sich in falscher Sicherheit und nehmen an, dass bestimmte Entwicklungen sie nicht betreffen können. Sie können Informationen unterdrücken oder umgewichten, Sachverhalte ausblenden oder nach Symbolen suchen, die mit der Entscheidung nur scheinbar zu tun haben, aber aus der Lähmung führen.

Lipshitz und Strauss (1997) analysierten verschiedene Situationen der Unsicherheit und suchten nach Taktiken, die Personen anwenden, um zu einer Entscheidung zu gelangen. Über 100 Offiziere des israelischen Militärs wurden angewiesen, einen persönlich erlebten Fall zu schildern, in dem Unsicherheit bestand, und zu beschreiben, wie sie eine Entscheidung getroffen hatten. Unsicherheit hatten die Offiziere vor allem dann erlebt, wenn Informationen vollständig fehlten, nur teilweise vorhanden oder unzuverlässig waren. Weiters bestand dann Unsicherheit, wenn die Sachlage neu oder nicht eindeutig verstanden worden war oder ein Konflikt erlebt wurde, weil verschiedene Alternativen gleich attraktiv erschienen. Die Ursachen der Unsicherheit konnten auf Unklarheit über die Entscheidungssituation, über die möglichen Entscheidungsergebnisse oder die Rolle des Entscheidungsträgers zurückgeführt werden. Insgesamt wurden zwölf Taktiken im Umgang mit Unsicherheit gefunden. Taktiken zur Reduktion von Unsicherheit bestanden darin, (a) neue Informationen zu suchen; (b) die Entscheidung zu verzögern, bis neue Information einlangt; (c) Expertenmeinungen einzuholen; (d) nach normativen Richtlinien zu entscheiden; (e) Meinungen zu entwickeln und darauf aufbauend ein mentales Modell der Entscheidungssituation zu konstruieren, in der Vorstellung zu erproben und wieder zu modifizieren, wenn es notwendig ist, um schließlich auf der Basis dieses Modells entscheiden zu können. Die Taktiken zur Akzeptanz der Unsicherheit betrafen (f) die Planung von Reaktionen auf ungewollte Konsequenzen einer Entscheidung; (g) die Reservierung von Ressourcen, um negativen Ereignissen entgegenzusteuern; (h) die Planung von reversiblen Aktionen und Vermeidung irreversibler Aktionen und deren Konsequenzen; (i) die Abwägung von Vorteilen und Nachteilen der verfügbaren Alternativen. Als Taktiken zur Unterdrückung von Unsicherheit wurden (j) das Ignorieren von Unsicherheit; (k) Vertrauen auf Intuition und (l) Glücksspiele, wie Entscheidungen nach dem Wurf einer Münze etc., bezeichnet.

Die weitere Analyse der situationsabhängigen Wahl von Taktiken führte schließlich zu einem Konzept, das Entscheidungsprozesse in unsicheren Entscheidungssituationen modelliert. In diesem Modell, dem R.A.W.F.S.-Modell, werden die elf der zwölf Taktiken zu fünf Clustern zusammengefasst: Cluster R (reduction) umfasst Taktiken (a), (c) und (d); Cluster A (assumption-based reasoning) umfasst Taktik (e); im Cluster W (weighing pros and cons) findet sich Taktik (i); Cluster F (forestalling)

Das R.A.W.F.S.-Modell fasst Taktiken zur Reduktion von Unsicherheit zu Clustern zusammen.

schließt Taktiken (f), (g) und (h) ein; im Cluster S (suppression) werden Taktiken (j), (k) und (l) zusammengefasst. Die Wahl der Taktiken in Abhängigkeit von der jeweiligen Situation ist in Abbildung 15 dargestellt. Entscheidungen beginnen mit dem Versuch, Klarheit über die Situation zu gewinnen beziehungsweise Sinn aus den Bedingungen zu machen. Wenn dies gelingt, dann werden die Alternativen und Konsequenzen überlegt und, falls die Zeit dafür reicht, mentale Simulationen der Entscheidung vorgenommen. Wenn es nicht gelingt, Klarheit zu schaffen, überlegt man, wie unerwünschte Entwicklungen eventuell verhindert werden können oder wie gegengesteuert werden kann. Wenn Informationen fehlen und weitere Informationen nicht eingeholt werden können, bildet man Meinungen, auf deren Basis entschieden werden kann. Wenn zwei oder mehrere zufriedenstellende Optionen gefunden werden, liegt ein Entscheidungskonflikt vor, dem mit Abwägen der Vor- und Nachteile begegnet wird. Gelingt es nicht, sich für eine Alternative zu entscheiden, dann werden Informationen unterdrückt, Konsequenzen und Gegenmaßnahmen überlegt oder neue Alternativen gesucht, bis schließlich eine Entscheidung getroffen werden kann.

Abb. 15: R.A.W.F.S.-Modell zum Umgang mit Unsicherheit (Lipshitz und Strauss, 1997; nach Kirchler, 1999, S. 56)

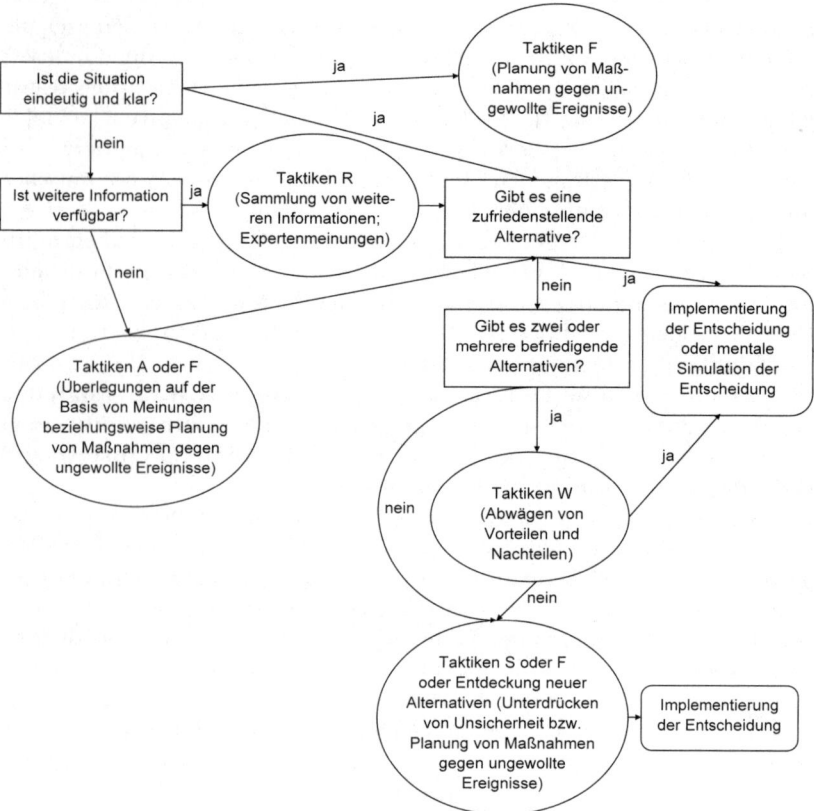

In allen deskriptiven Modellen wird von einer rationalen Entscheidung im strikt ökonomischen Sinn abgegangen. Der Optimismus des Rationalmodells, wonach Menschen enorme kognitive Fähigkeiten zugetraut werden, steht im Kontrast zur Realität. In Betrieben, in Verwaltungen usw. harren oftmals komplexe Aufgaben einer Lösung. Wirtschaftliche Organisationen sind komplexe Systeme, in denen Ziele selten konkret vorliegen. Ziele wie beispielsweise jenes, als Wirtschaftseinheit auch raue Zeiten zu überstehen, den Profit zu erhöhen oder das Betriebsklima zu verbessern, sind komplex. Nach Dörner (1989) können Komplexziele nur dann effizient gelöst werden, wenn sie in Teilziele zerlegt werden. Teilziele müssen operationalisierbar und konkret definierbar sein, dann können sie auch realisiert werden. Wenn Entscheidungsträger in komplexen Systemen Ziele lösen sollten, dann tendieren sie oftmals

„Was wir gestern taten, liegt in der Dunkelheit des Vergessenen, und was wir morgen tun sollen, liegt in der Finsternis. Wir Menschen sind Gegenwartswesen."

dazu, nicht die relevanten Aufgaben zu lösen, sondern jene, die sie lösen können. Die Teilnehmer, die in Dörners (1989) simulierter Kleinstadt „Lohhausen" – zum Bürgermeister erkoren – die Geschicke ihrer Bürger bestimmen sollten, oder „Tanaland", ein im Computer existierendes Land in Afrika, diktatorisch in den Wohlstand zu führen haben, wussten selten mit den komplexen Aufgaben effizient umzugehen. Sie begannen irgendwie in das Geflecht einander bedingender Variablen einzugreifen: So wurden etwa die Stadtbewohner über Mängel befragt. Unabhängig von der Wichtigkeit eines festgestellten Mangelzustandes versuchte man, eine Lösung dafür zu finden. Dabei bedachte man selten, dass die Lösung einer Aufgabe in einem komplexen System, wie dem einer Stadt oder Landregion, neue Probleme schaffen kann. Entstehen aber erst einmal neue Probleme, dann beginnt ein „Reparaturdienstverhalten", das heißt, Löcher werden gestopft, wo immer sie scheinbar zufällig auftreten. Um Probleme, die nicht aktuell gegeben waren, kümmerten sich die Versuchsteilnehmer kaum – und bald hatten sie eben deshalb mit diesen Problemen zu kämpfen. Manchmal mussten die Teilnehmer Zwischenziele lösen, um ihre Endziele zu realisieren. Der Triumph bei der Lösung solcher Teilziele faszinierte viele, so dass sie das Endziel aus den Augen verloren und, von Zwischenzielen gefangen genommen, zu „Experten" bei der Lösung nebensächlicher Ziele wurden. Zeitabläufe, die in komplexen Systemen ganz besonders zu berücksichtigen sind, wurden selten explizit analysiert. „Was wir gestern taten, liegt in der Dunkelheit des Vergessenen, und was wir morgen tun sollen, liegt in der Finsternis. Wir Menschen sind Gegenwartswesen" (Dörner, 1989, S. 307). Und trotz bester Absichten werden nicht nur simulierte Organisationen in ihren Untergang „geführt".

March und seine Kollegen (z.B. March und Shapira, 1992, S. 279) lassen wenige Illusionen bezüglich der Rationalität von Entscheidungen in Organisationen, wenn sie schreiben: „They (organizations) gather information and don't use it. Ask for more, and ignore it. Make decisions first and look for the relevant information afterwards." Cohen, March und Olsen (1972) formulierten ein Modell organisierter Anar-

In Organisationen „fließen Ströme" von Lösungen, Problemen und Mitarbeitern. Entscheidungen passieren, wenn Probleme und passende Lösungen von Mitarbeitern „zusammengebracht" werden.

chie im Betrieb: Das Papierkorb- oder Mülleimermodell (garbage can model), das Entscheidungen in Organisationen abbilden soll. Die Autoren schicken voraus, dass Organisationen selten Entscheidungen selbst treffen – sie kopieren sie irgendwo, und oft werden Mängelzustände, Differenzen zwischen einem Ist- und einem Sollzustand oder andere Probleme gar nicht wahrgenommen, es sei denn, eine Lösung wäre schon da. Organisationen sind chaotische Arenen. Um optimale Entscheidungen treffen zu können, müsste Ordnung geschaffen, Informationen müssten eingeholt werden, Rituale, Symbole, Mythen, die das gemeinsame Tun und damit auch Entscheidungen determinieren, entlarvt werden.

March und Romelaer (1976, S. 276; zitiert in March und Shapira, 1992, S. 284f) zeichnen ein unterhaltsames Bild, das Gruppenentscheidungen charakterisiert: „Consider a round, sloped, multi-goal soccer field on which individuals play soccer. Many different people (but not everyone) can join the game (or leave it) at different times. Some people can throw balls into the game or remove them. Individuals, while they are in the game, try to kick whatever ball comes near them in the direction of goals they like and away from goals they wish to avoid."

In Organisationen „fließen Ströme" von Lösungen, Problemen und Mitgliedern. Entscheidungsmöglichkeiten werden als mehr zufällige denn willentlich herbeigeführte Verbindungen zwischen Problemen, den passenden Lösungen und Entscheidungsverantwortlichen gesehen. In Organisationen gibt es Entscheidungen, Probleme, Lösungen und Entscheidungsträger, die „daher schwimmen", und wenn das, was „herantreibt", mehr oder weniger zueinander passt, haben Entscheidungsträger im richtigen Moment für ein Problem eine richtige Lösung parat und damit eine Entscheidung getroffen. Kurzum, „decision making is an arena for symbolic action, for developing and enjoying an interpretation of life and one's position in it" (March und Shapira, 1992, S. 289).

Bedenkt man, wie in Verwaltungen, Firmen und anderen Organisationen Entscheidungen tatsächlich gefällt werden, so erscheint das Modell von March und Kollegen weniger erheiternd als ernüchternd. Wie oft müssen beispielsweise Universitätslehrer, die aufgrund ihrer Forschungs- und Lehrkompetenz in einem eng abgesteckten Wissensbereich an Lehrstühle berufen worden sind, über Verwaltungsangelegenheiten entscheiden, über die sie nicht Bescheid wissen? In Gremien werden dann Informationen eingeholt, die oft unnütz sind, und Entscheidungen getroffen, weil die Zeit drängt. Wie oft müssen eingeplante Ressourcen, die am Ende einer Budgetperiode noch nicht verbraucht wurden, schnell ausgegeben werden, um zu dokumentieren, wie notwendig eine Erhöhung der Mittel für die nächste

Budgetperiode ist? Ist dann das Problem, nämlich am Ende einer Periode die Ressourcen nicht verbraucht zu haben, gelöst, steht möglicherweise eine neu angeschaffte, komplizierte Maschine im Institut, die eine Lösung darstellt, für ein Problem, das noch zu finden ist. Um die Anschaffung zu rechtfertigen, wird sich ein Team von Institutsangehörigen immer wieder fragen, ob denn nicht eine Nutzung, etwa durch ein noch zu planendes, wissenschaftlich sinnvolles Experiment möglich wäre. Die Lösung sucht sozusagen nach einem passenden Problem. Lässt sich eine wissenschaftliche Fragestellung formulieren und in einem Experiment prüfen, zu dem die angeschaffte Maschine notwendig ist, dann ist alles gut. Die Ausgaben der letzten Mittel im vergangenen Budgetjahr waren sinnvoll, die Anschaffung der Maschine war notwendig, die Durchführung des Experiments verspricht ertragreich zu sein. Ein Team kompetenter Leute, ein Problem und eine Lösung passen zusammen. In der Retrospektive wird Ordnung im Entscheidungsprozess geschaffen: Die damals verfügbaren Mittel genügten gerade, eine dringend notwendige Maschine anzuschaffen, die für ein wichtiges wissenschaftliches Experiment unerlässlich war. Die Investition war vernünftig, die Entscheidung selbst beweist Weitblick und rechtfertigt den Antrag auf eine weitere Erhöhung der Mittel in Zukunft.

Auch Politiker, welche die Geschicke des Landes lenken, entscheiden nicht anders. Braybrooke und Lindblom (1963; Lindblom, 1959, 1979) beschreiben Entscheidungen als einen schrittweisen, inkrementellen Prozess oder als „muddling through". Je komplexer die Aufgabe, desto geringer die Wahrscheinlichkeit, dass rationale Strategien angewandt werden. Entscheidungen in der Politik, aber auch in Wirtschaftsbetrieben und im privaten Haushalt sind keinesfalls gut kontrollierte, einfach strukturierte Aufgaben wie im Labor. Weil neben einer Entscheidung gleichzeitig mehrere andere Aufgaben anfallen, ist die Entscheidungssituation häufig komplex. In komplexen Situationen mit Zeitknappheit kommt es leicht zu ungeeigneten, das heißt, irrationalen Versuchen zur Bewältigung, wie etwa zum Verzicht auf eine umsichtige Analyse, zum Experimentieren mit unsystematischen und unlogischen Lösungsansätzen, zur Beschränkung auf leicht lösbare Teilprobleme, der Einschränkung auf wenige Teilaspekte der Aufgabe, zur Nachahmung und zur Suche von Lösungen im gewohnten Rahmen.

> **In komplexen Entscheidungssituationen werden Veränderungen in kleinen Schritten herbeigeführt, die Folgen abgewartet und bewertet und erneut Veränderungen initiiert.**

In der Politik lässt sich die Entscheidungsfindung als inkrementeller Prozess beschreiben und mit einem Spaziergang durch ein Sumpfgebiet vergleichen, mit der Gefahr, dass der nächste Schritt den „Tod" bringen könnte. In komplexen Situationen werden kleine Schritte nach vorne gesetzt, und, wenn der „Boden trägt", wird ein weiterer kleiner Schritt nach vorne getan. Sind die Folgen der Aktion negativ, trägt der Boden nicht, so wird ein Schritt nach rechts oder links getan. Manchmal muss ein Gang nach rückwärts angetreten werden. Die komplexen Wechselwirkungen verschiedener veränderter oder unverändert belassener Variablen können nicht immer vorhergesehen werden, weil Konsequenzen häufig nicht vorherzusehen sind. Deshalb muss inkrementell vorgegangen werden. Die Richtung der Veränderungen wird so lange beibehalten, bis eine negative Konsequenz eintritt. So tasten sich Expertenteams von einem „Ufer des Sumpfgebietes" zum anderen und haben schließlich die Lösung des Problems schrittweise herbeigeführt.

4.2   Entscheidungsstile in der Mitarbeiterführung

Der betriebliche Alltag von Führungskräften ist vor allem dadurch charakterisiert, dass ständig Entscheidungen zu treffen sind. Dabei können Entscheidungsträger autoritär vorgehen oder die Mitarbeiter, die letztlich von vielen Entscheidungen direkt betroffen sind, in die Analyse von Aufgaben und in die Lösungsfindung einbeziehen. Wie in zahlreichen Führungsmodellen postuliert wird, sind unterschiedliche Entscheidungsstile je nach Situation unterschiedlich effektiv (für einen Überblick siehe Rodler und Kirchler, 2002).

Im Folgenden werden Entscheidungsstile anhand von zwei Dimensionen beschrieben. Für eine detailliertere Beschreibung von Führungsverhalten und -modellen sei auf zahllose Publikationen zur Organisations- und Führungsforschung verwiesen (siehe Rodler und Kirchler, 2002). Entscheidungen können auf der Ebene der „kognitiven Komplexität" zwischen logisch und relational, auf der Ebene der „Werthaltungen" zwischen sach- und personenorientiert variieren. Aus der Kombination beider dichotomen Dimensionen resultieren vier mögliche Stile (Gordon, 1996; Greenberg und Baron, 2000; Rose, Mason und Dicken, 1987; Abbildung 16).

Abb. 16: Entscheidungsstile

		Werteorientierung			
		Sachorientierung	Personenorientierung		
Kognitive Komplexität	Toleranz für Mehrdeutigkeiten	Analytisch	Begrifflich	Denken (Ideen)	Führer
		Problemlöser	Denkt in großen Zusammenhängen	Proaktiv (Änderungen)	
	Bedürfnis nach Struktur	Direktiv (Anordnend)	Verhaltensorientiert	Aktivität (Tun)	Manager
		Erwartet Ergebnisse	Braucht Anerkennung	Reaktiv (Aufrechterhaltung)	

Wie Abbildung 16 nahe legt, unterscheidet man „Führungskräfte" von „Managern". Führer können Mehrdeutigkeiten in Entscheidungssituationen eher akzeptieren als Manager und versuchen entweder Ideen für Lösungen in schwierigen Situationen zu produzieren oder Änderungen herbeizuführen. Manager hingegen streben nach klaren Strukturen, tendieren eher zu Aktionen als dazu, Ideen zu produzieren, abzuwägen und dann zu agieren, oder sie reagieren eher auf Situationen, als dass sie Änderungen geplant herbeiführen. Je nach Wertorientierung sind Führer durch einen analytischen oder einen begrifflichen Stil, Manager durch einen direktiven oder verhaltensorientierten Stil charakterisierbar.

Führungskräfte wenden analytische oder begriffliche, Manager direktive oder verhaltensorientierte Entscheidungsstile an.

Der direktive Entscheidungsstil ist geprägt von einfachen, klaren Lösungen. Entscheidungen werden rasch und unter Bezugnahme auf weniger Informationen getroffen; wenige Optionen werden in Betracht gezogen. Personen mit einem direktiven Stil halten sich eher an vorhandene Regeln und bewährte Lösungsstrategien, zur Umsetzung ihrer Entscheidung nutzen sie ihre Machtposition eher aus als Personen mit anderen Entscheidungsstilen.

Personen mit analytischem Entscheidungsstil treffen Entscheidungen und erleben sich gefordert. Möglichst viele Informationen aus verschiedenen Quellen und Bereichen werden umfassend analysiert. Um ein gutes Ergebnis zu erzielen, werden auch unkonventionelle, kreative und originelle Strategien genutzt.

Auch Personen mit begrifflichem Entscheidungsstil sind neuartigen Ideen gegenüber aufgeschlossen, jedoch ist ihre Verhaltensorientierung durch soziale Rücksichtnahme gekennzeichnet. Ihr Denken ist darüber hinaus stark zukunftsorientiert, die Suche nach kreativen Lösungen spornt an und macht Spaß.

Der verhaltensorientierte Stil ist schließlich durch das hohe Interesse am Wohlergehen der Organisation und der Mitarbeiter geprägt. Personen mit verhaltensorientiertem Stil sind hilfsbereit und bemüht, andere bei ihrer Zielerreichung zu unterstützen, bei eigenen Entscheidungen sind sie offen für Ideen und Vorschläge.

Selbstverständlich ist es nicht möglich, Personen eindeutig einem der vier Stile zuzuordnen. Mischformen sind die Regel, wobei Testteilnehmer jedoch meist unterschiedliche Ausprägungen in den vier Dimensionen erreichen und damit klar wird, dass mehr oder weniger ein bestimmter Entscheidungsstil bevorzugt wird. Flexible Führungskräfte, denen es gelingt, situationsadäquat zwischen verschiedenen Stilen zu wechseln, die also sowohl Situationen analysieren als auch, je nach Notwendigkeit, einen Entscheidungsstil anwenden können, dürften besonders begnadete Führungspersönlichkeiten sein.

4.3 Entscheidungsfehler

Entscheidungen müssen oft unter ungünstigen Bedingungen getroffen werden: Die Zeit drängt, Informationen reichen nicht aus, um die „beste" Alternative zu finden, die kognitiven Kapazitäten der Entscheidungsträger sind limitiert oder sie sind nach langwierigen Überlegungen demotiviert, weiter nach besseren als den gerade verfügbaren Lösungen zu suchen. In der Ökonomie und in der kognitiv orientierten Sozialpsychologie wurde der Mensch als Verstandeswesen, als intuitiver Wissenschaftler oder kognitiv dominiertes Wesen beschrieben, bis Nisbett und Ross (1980) belegten, dass Laienurteile in komplexen Situationen oft systematisch von den normativ logischen Urteilen abweichen. Dass Wahrnehmungs- und Urteilsprozesse nicht immer die Realität abbilden, lässt sich eindrucksvoll an optischen Täuschungen illustrieren, an Urteilsverzerrungen, die in sozialen Situationen geschehen (z.B. Zimbardo,

Menschen sind „kognitive Geizhälse".

1988), oder an der Abhängigkeit der Urteile von Kontext- und Hintergrund-variablen. Bruner und Goodman (1947) zeigten beispielsweise, dass die Größenschätzung von Münzen vom Wohlhaben der befragten Kinder abhängt und nicht ausschließlich von ihren Wahrnehmungs- und Beurteilungsfähigkeiten.

Viele Beispiele zeigen, wie es zu systematischen Verzerrungen der Wirklichkeit und Bias in der Entscheidungsfindung kommen kann (Dörner, 1989; Gordon, 1996; Jungermann et al., 1998; Kirchler, 1999; Reason, 1992; Wiswede, 2000; etc.). Ein klassisches Beispiel dafür, wie sehr die Realität von den Aussagen des Rationalmodells abweicht und wie „sinnvoll" manche „Fehler" erscheinen, zeigt das St. Petersburg-Spiel (aus Jungermann et al., 1998, S. 61):

Stellen Sie sich vor, folgendes Spiel zu spielen: Eine Münze wird so oft geworfen, bis sie bei einem Wurf „Kopf" zeigt. Wenn die Münze beim ersten Wurf „Kopf" zeigt, erhalten Sie € 2; Sie erhalten € 4, wenn sie beim zweiten Wurf „Kopf" zeigt, € 8, wenn sie beim dritten Wurf „Kopf" zeigt usw. Der auszuzahlende Betrag verdoppelt sich mit jedem weiteren Wurf. Der Gewinn beträgt also € 2^n, wenn die Münze erst beim n-ten Wurf „Kopf" zeigt. Überlegen Sie, wie viel Sie zu zahlen bereit sind, um an diesem Spiel teilnehmen zu können.

Rational betrachtet, sollten Sie bereit sein, Ihr gesamtes Vermögen für dieses Spiel zu bieten, denn der statistische Erwartungswert des Spiels ist unendlich groß. Zwar sinkt die Wahrscheinlichkeit, über lange Sequenzen hinweg immer „Zahl" zu werfen, aber der Gewinn steigt stark an. Die Wahrscheinlichkeit, dass die Münze bei zehn Würfen „Zahl" zeigt, ist gering (p = $0,5^{10}$ = 0,000976); der Gewinn beliefe sich dann aber schon auf € 2^{10} = 1024). Und wenn nach zehn Würfen mit „Zahl" noch der elfte Wurf „Zahl" zeigt, dann gewinnen Sie bereits € 2048.

Der statistische Erwartungswert des Spiels berechnet sich nach der Formel:
$$EW = \Sigma\, p_i\, v_i$$
(EW = Erwartungswert; p_i = Wahrscheinlichkeit, „Zahl" zu werfen; v_i = Wert des Ereignisses; i = 1 bis ∞).

$$EW = \Sigma\, p_i\, v_i = (0,5)^i \cdot 2^i = 0,5 \cdot 2 + 0,25 \cdot 4 + 0,125 \cdot 8 \ldots = 1 + 1 + 1 + \ldots = \infty$$

Zwar ist der Erwartungswert des Spiels unendlich groß, trotzdem wird niemand bereit sein, sein gesamtes Vermögen einzusetzen.

In der Entscheidungsforschung und vor allem in der kognitiven Psychologie werden eine Vielfalt von Abweichungen vom Rationalmodell berichtet (z.B. Jungermann et al., 1998). Auch eine kurze Zusammenfassung der wesentlichsten Befunde würde den Rahmen dieser Arbeit sprengen. Deshalb werden einige Beispiele zitiert und „Eilverfahren" in Entscheidungssituationen beschrieben, die bei Entscheidungen in Organisationen relevant sind.

In vielen Entscheidungssituationen werden „kognitive Abkürzungen zum Ziel", sogenannte Heuristiken, angewandt. Heuristiken dienen dem Zweck, die Situation zu vereinfachen, „fassbar" zu machen, um in Entscheidungssituationen zu einem Ergebnis zu kommen. Gemeint sind „kognitive Eilverfahren, die bei der Reduzierung des Bereichs möglicher Antworten oder Problemlösungen nützlich sind, indem sie ‚Faustregeln' als Strategien anwenden" (Zimbardo, 1988, S. 371). Heuristiken sind oft günstige „Werkzeuge", um eine Entscheidung zeitgerecht zu treffen; manchmal führen sie aber in die Irre.

Heuristiken sind kognitive Eilverfahren, die schnell zu einer Entscheidung führen, aber systematische Fehler bedingen können.

Zahlreiche Fehler bei Entscheidungen in Organisationen können während der Situationsanalyse, Zieldefinition, Informationssuche, Strategienwahl und während der Bewertung des Ergebnisses auftreten. Fehler, die in einem Entscheidungsabschnitt auftreten, beeinflussen auch weitere Entscheidungsschritte. Deshalb soll vor einer endgültigen Entscheidung geprüft werden, wie anfällig der Prozess für Fehler und Verzerrungen war.

- Die adäquate Situationsanalyse kann durch unterschiedliche Präsentation der Aufgabenstellung, durch unterschiedliche Kontexte, in die eine Aufgabe eingebettet ist, erschwert werden. Sogenannte Framing-Effekte beziehen sich auf die Form der Präsentation einer Aufgabe und damit verbundene Wahrnehmungsverzerrungen. Je nach Framing sind Entscheidungsträger in ein und derselben Situation entweder risikoavers oder risikofreudig und akzeptieren einmal diese, einmal jene Alternative. Aufgrund des häufigen Strebens nach Gewinnsicherung und Verlustreparation in ökonomischen Entscheidungen ist die Analyse der Form der Präsentation einer Aufgabe besonders relevant. Kahneman und Tversky (1984) beschreiben eine Reihe von Wahlsituationen, welche die angeführte Entscheidungsanomalie illustrieren: Je nach Problempräsentation, je nach semantischem Rahmen (framing) kann die Aufmerksamkeit auf einen Gewinn (risikomeidendes Verhalten) oder Verlust (risikosuchendes Verhalten) gelenkt werden, entsprechend

Je nach Beschreibung einer Aufgabe oder Kontext, kann ein Gewinn oder Verlust in Aussicht gestellt und risikomeidendes oder risikosuchendes Verhalten erwirkt werden.

unterschiedlich sind die Präferenzen der Entscheidungsträger (framing effect). In der Prospect-Theory (Kahneman und Tversky, 1979) und in

Weiterentwicklungen dieser Theorie (Tversky und Kahneman, 1992) wird der Einfluss der subjektiven Aussichten, die durch entsprechende Problempräsentation auf einen Gewinn oder einen Verlust hin gelenkt werden, auf das Verhalten von Personen in Risikoentscheidungen beschrieben. Ein Entscheidungsprozess läuft über zwei Phasen: Zuerst wird ein Entscheidungsproblem analysiert und je nach Beschreibung erscheint eine Alternative, relativ zur Ausgangslage einer Person, entweder als Gewinn oder als Verlust. In der zweiten Phase bewertet man die Alternativen, und trifft je nach subjektiven Aussichten auf Gewinn oder Verlust eine Wahl.

Thaler (1985; 1992) berichtet einige Experimente über Fairness, die ähnlich wie Kahnemans und Tverskys Beispiele den Einfluss der Präsentationsart belegen und zeigen, dass die Ausgangslage und der Referenzpunkt für eine Entscheidung entscheidungsrelevant sind. Der Referenzpunkt kann aber gerade durch die Form der Präsentation von sachlich identischen Aufgaben unterschiedlich sein. Beispielsweise könnte potenziellen Kunden erläutert werden, dass ein beliebtes Automodell nicht in genügender Menge produziert werden kann. Weil die Nachfrage bei weitem das Angebot übersteigt, entscheidet

(a) im ersten Fall ein Verkaufshaus, den Preis um $ 200 anzuheben.

(b) Im zweiten Fall entscheidet das Verkaufshaus, den üblichen Preisnachlass von $ 200 nicht mehr zu gewähren.

Auf die Frage, ob die Reaktionen der Verkaufshäuser fair sind, verneinten im ersten Fall 71 Prozent von 130 Personen. Im zweiten Fall fanden nur 42 Prozent der 123 Befragten das Verhalten unfair. Während im ersten Fall durch die Preisanhebung subjektiv der Eindruck eines Verlustes für die Kunden besteht, wird im zweiten Fall der Eindruck erweckt, ein Gewinn würde lediglich zurückgenommen.

Ähnlich aussagekräftig ist ein zweites Experiment, in dem die Situation eines Betriebes geschildert wird, der starke Profiteinbußen hinnehmen musste. Der Betrieb ist in einem Gebiet angesiedelt, das eine hohe Arbeitslosenrate aufweist.

(a) Im ersten Fall wird den Befragten mitgeteilt, dass die Betriebsleitung beschlossen hat, bei einer aktuellen Inflationsrate von null Prozent die Löhne in Hinkunft um sieben Prozent zu senken.

(b) Im zweiten Fall hat die Betriebsleitung beschlossen, die Löhne trotz einer Inflationsrate von zwölf Prozent nur um fünf Prozent zu erhöhen.

Von 125 Personen fanden 63 Prozent den Entschluss der Betriebsleitung im ersten Fall als inakzeptabel. Im zweiten Beispiel beurteilten nur 22

Prozent von 123 Personen den Entschluss als unfair. Ob eine Alternative als Gewinn oder als Verlust präsentiert, der Referenzpunkt eines Entscheidungsträgers also je nach Aufgabenpräsentation verändert wird, beeinflusst die Präferenz für die unterschiedlichen Alternativen.

Fehlerquellen bei der Zieldefinition liegen in der Isolation momentaner Zustände, die tiefgreifend analysiert werden, ohne dass der gesamte Problemkomplex, das Dickicht der Variablenvielfalt und die verschiedensten Wechselwirkungen berücksichtigt werden. Weiters wird die Aufmerksamkeit auf oft weitgesteckte, langfristige Ziele gelenkt, während die Ausgangslage und die Zwischenziele außer Acht bleiben. Langfristige, hohe Ziele strahlen häufig eine magische Kraft aus und werden als äußerst anstrebenswert auch dann bewertet, wenn sie längst modifiziert oder aufgegeben werden sollten. So kann etwa ein Betrieb in den Ruin manövriert werden, wenn ein hohes Ziel angepeilt wird, Investitionen getätigt werden, Zwischenschritte der Entwicklung gut verlaufen, aber plötzlich erkannt wird, dass ein Projekt ein Flop werden wird. Anstatt einmal gesteckte Ziele aufzugeben und die vergangenen Investitionen als nicht wieder einbringbare Kosten zu akzeptieren, wird weiter investiert und oft zu viel riskiert. Sogenannte Sunk-costs-Effekte (Thaler, 1991) – die Unvernünftigkeit, gutes Geld schlechtem nachzuwerfen – sind nicht nur im Forschungslabor bestätigt worden, sondern Alltag in der Wirtschaft, wie in Presseberichten nachzulesen ist.

Aktuelle Entscheidungen sind von den Investitionen in der Vergangenheit abhängig.

Beispielsweise könnte eine Person planen, einen Schiurlaub mit Freunden in den Rocky Mountains zu verbringen. Der Urlaub kostet viel Geld, etwa € 3000, und bereits drei Monate vor Urlaubsantritt mussten € 2000 angezahlt werden, die uneinbringlich sind, wenn der Urlaub storniert wird. Kurz vor der Reise erfährt die Person, dass ihre Freunde aufgrund familiärer Probleme nicht mitfahren können, sondern in den nahen Bergen ihren Schiurlaub verbringen müssen, wo sie pro Person etwa € 1000 ausgeben werden. Damit verliert der gebuchte Winterurlaub für die Person viel an Attraktivität und die gemeinsamen Tage in den nahen Bergen würden bevorzugt. Nun steht die Person vor den Alternativen, (a) weitere € 1000 zu bezahlen und allein ihren Schiurlaub in den Rocky-Mountains zu verbringen, oder (b) auf die € 2000 zu verzichten und den Urlaub für € 1000 in der Nähe mit den Freunden zu wählen. Eigentlich geht es nur noch darum, für (weitere) € 1000 die angenehmste Alternative zu realisieren, also den Urlaub im nahen Schigebiet. Allerdings wählt unter diesen Umständen kaum jemand die eigentlich attraktivere Alternative, denn die € 2000 sind Kosten, die gerechtfertigt werden müssen. Unternehmen können aufgrund des zähen Festhaltens an Entscheidungen, wenn bereits Kosten angefallen sind, oftmals überaus riskante Geschäfte tätigen. Beispielsweise könnte ein Unternehmen ein neues Produkt planen, das in drei Jahren auf den Markt kommen soll. Jährlich wird eine Million Dollar in die Entwicklung investiert. Am Ende des zweiten Jahres, nachdem die Produktentwicklung planmäßig verlaufen ist, muss die restliche Million

Wenn bereits Kosten angefallen sind, halten Unternehmen oft zäh an „schlechten" Entscheidungen fest.

für das kommende Jahr vorgesehen werden. Nun erfahren die Entscheidungsträger unmittelbar vor der Entscheidung für die Freigabe des restlichen Geldes, dass eine Konkurrenzfirma ebenfalls an einem neuen Produkt arbeitet, das im nächsten Jahr auf den Markt kommen wird. Das Produkt wird qualitativ besser und wesentlich billiger sein als das eigene Produkt. Was soll nun getan werden? Soll die restliche Million Dollar in die Produktentwicklung investiert werden, um das eigene Produkt fertig zu stellen oder soll der Entwicklungsprozess gestoppt und das Geld in ein anderes Projekt investiert werden? Nachdem bereits zwei Millionen aufgewendet wurden, wird die eine Million oft allzu bereitwillig dem „versunkenen" Geld nachgeworfen. Hätte allerdings das Unternehmen keine Mittel in der Vergangenheit aufgewendet und würden die Entscheidungsträger vor der Aufgabe stehen, eine Million Dollar für ein neues Produkt vorzusehen, das in einem Jahr auf den Markt kommen soll, und würden sie vom Vorhaben und antizipierbaren Erfolg der Konkurrenz erfahren, wären sie sicher nicht bereit, das Geld zu investieren. Kosten müssen gerechtfertigt werden!

Tragische Fälle, welche die Auswirkungen der sunk-costs illustrieren, werden häufig in der Tagespresse berichtet. In der italienischen Tageszeitung „Corriere della Sera" war am 8. Oktober 1994 auf Seite 17 (Rumiati und Bonini, 1996) von einem Pater die Rede, der sechs Milliarden Lire verlor, das Äquivalent der Spenden der Gläubigen für die Errichtung eines Andenkens. Der Pater hatte einen Teil des Geldes gutgläubig einer lokalen Finanzierungsgesellschaft anvertraut, um noch mehr aus den Spenden zu machen. Als ihm sein Vertrauter die Schwierigkeiten der Gesellschaft mitteilte, das eingezahlte Geld zurückzuzahlen, ließ es der Pater nicht mit dem möglichen Verlust bewenden, sondern „warf" die restlichen Milliarden Lire dem „schlechten" Geld nach, in der Hoffnung, dieses zurückzugewinnen, aber mit dem Effekt, letztlich alles verloren zu haben.

Die Risikobereitschaft und „Erblindung aller Vernunft" in Verlustsituationen wird nicht nur im Verhalten einzelner Personen und von Firmen deutlich. Rumiati und Bonini (1996) berichten eine totale Eskalation vor allem in Wettbewerbssituationen: Eine Standardsituation zum Studium der Eskalation in Wettbewerbssituationen wurde von Shubik (1971) kreiert und von Bazerman (1990) studiert: Es geht dabei um die Versteigerung einer Banknote. Beispielsweise könnte eine Person einer Gruppe von etwa 30 Personen die Versteigerung von € 100 unter folgender Bedingung vorschlagen: Jeder kann an der Versteigerung teilnehmen oder es sein lassen. Wer teilnimmt, muss mindestens € 1 über das aktuelle Angebot steigen. Der Ausrufungspreis liegt bei € 10. Die Banknote erhält derjenige, der das höchste Angebot macht. Allerdings muss die Person, die das zweithöchste Angebot macht, ebenfalls ihren angebotenen Preis zahlen, ohne dafür etwas zu erhalten. Wenn beispielsweise Person A das höchste Angebot macht, etwa € 35 bietet, und Person B € 34 geboten hatte, so erhält A den Geldschein von € 100 und zahlt € 35 dafür; Person B zahlt € 34, erhält aber nichts. Wenn die Versteigerung erst einmal begonnen wird, dann eskaliert das „Spiel" schnell und zu spät erkennen die Teilnehmer die Falle: Der Teilnehmer mit dem zweithöchsten Angebot wird immer höher bieten, um nicht der Verlierer zu sein. Selbst wenn er bereits € 99 geboten hatte und der Höchstbieter € 100 zu zahlen bereit ist, lohnt es sich, weiterzubieten und für die Banknote € 101 zu zahlen usw. In vielen Auktionen ist zu beobachten, dass Wettbewerbssituationen zu Eskalationen führen. Je nach Versteigerungsart ist der Gewinner eines Gutes gar nicht gut dran. Thaler (1992) liefert anschauliche Beispiele für „the winner's curse", Foreman und Murnigham (1996) zeigen, dass selbst dann, wenn Kontrahenten über die Fallen bei Versteigerungen aufgeklärt werden, kaum Lerneffekte zu erzielen sind.

Auch in der Wirtschaft lassen sich ruinöse Eskalationsphänomene beobachten: Als von verschiedenen Fluglinien das Frequent Flyer Program zur Erhöhung der Kundenloyalität geboren wurde, überboten manche Fluglinien ihre Konkurrenz mit Gutschriften der doppelten geflogenen Meilenmenge. Amerikanische Experten schätzten für 1987 Gratisflüge in Höhe von 1,5 bis drei Millionen Dollar. Die wahre Eskalation fand statt, als Delta Airlines schließlich die dreifache Meilenmenge gutschrieb (Ru-

In Wettbewerbssituationen sind oft ruinöse Eskalationsphänomene zu beobachten.

miati und Bonini, 1996). Wie die Spirale der Eskalation weitergeht und wohin sie führt, ist leicht vorstellbar.

- Fehler bei der Informationssuche und -bewertung sind häufig auf Entscheidungsheuristiken zurückzuführen. Zu den bekanntesten Heuristiken zählen die Verfügbarkeits-, Repräsentativitäts-, Verankerungs- und Anpassungsheuristik.

(a) *Verfügbarkeitsheuristik*: Ereignisse, die aktuell einfacher aus dem Gedächtnis abrufbar sind, werden als wahrscheinlicher eingeschätzt als schwer abrufbare Informationen (Gordon, 1996). Als leichter abrufbar gilt, was in lebhafter, bildhafter Erinnerung ist und erst kürzlich auftrat (Jungermann et al., 1998).

Wenn die Zeit drängt, viele Informationen zu verarbeiten sind und die Motivation gering ist, werden Verfügbarkeits-, Repräsentativitäts-, Anker- und Anpassungsheuristiken angewandt.

Die Strategie, bei der Schätzung der Häufigkeit oder Auftrittswahrscheinlichkeit eines oder mehrerer Ereignisse Urteile auf der Basis der Schwierigkeit oder Leichtigkeit, mit der einzelne Informationen aus dem Gedächtnis abgerufen oder generiert werden können, zu bilden, mag oft erfolgreich sein. Tatsächlich kommen häufig dargebotene Reize eher als seltene Ereignisse in den Sinn. Je öfter ein Stimulus dargeboten wird, umso eher wird er im Gedächtnis gespeichert und ist verfügbar, und umgekehrt, je leichter ein Inhalt im Gedächtnis wieder aufgefunden wird, umso öfter muss er dargeboten oder erlebt worden sein. Nachdem die Erinnerung aber nicht nur von der Darbietungshäufigkeit abhängt, sondern von einer Reihe anderer Faktoren, kann die Verfügbarkeitsheuristik zu Fehlurteilen führen.

Die Hypothese über die Schwierigkeit bei der Informationssuche prüften Tversky und Kahneman (1974) in einem einfachen Experiment: Sie präsentierten Studienteilnehmern eine Liste mit Namen von Männern und Frauen, und ließen dann den Anteil der genannten Männer und Frauen schätzen. Einer Gruppe von Personen wurde eine Liste mit 19 berühmten Männernamen und 20 unbekannten Frauennamen vorgelesen; einer zweiten Gruppe wurden 19 bekannte Frauennamen und 20 unbekannte Männernamen präsentiert. Nachdem bekannte Namen leichter erinnert werden und damit schneller verfügbar sind als unbekannte, war laut Hypothese zu erwarten, dass im ersten Fall der Anteil der Männer auf der Liste, im zweiten der Frauenanteil überschätzt wird. Genau dies trat ein.

Den Einfluss der Schwierigkeit der kognitiven Operationen wiesen Tversky und Kahneman (1974) nach, indem sie Personen schätzen ließen, ob in einer Gruppe von zehn Personen mehr Untergruppen aus jeweils zwei Personen oder mehr Untergruppen aus jeweils acht Personen gebildet werden können. Die Kombinatorik lehrt, dass die Anzahl der möglichen Untergruppen in beiden Fällen gleich groß ist (n! / (n-r)! r!) = 10! / (10-8)! 8! = 10! / (10-2)! 2!) = 45 Untergruppen). Die Schätzungen der Befragten waren jedoch deutlich unterschiedlich: Im Falle von Zweiergruppen betrug der Median der Schätzungen 70, im Falle von Achtergruppen wurden im Durchschnitt 20 mögliche Kombinationen geschätzt.

Auch die Auffälligkeit von Ereignissen führt zu Fehlurteilen, wie Lichtenstein, Slovic, Fischhoff, Layman und Combs (1978) zeigten. So werden Todesrisiken, über die in der Presse oft berichtet wird, in ihrer Häufigkeit überschätzt und „banale" Todesursachen unterschätzt. Morde und Autounfälle werden eher beachtet als Herzkrankheiten oder Krebserkrankungen. Deshalb wird gemeinhin angenommen, Morde und Unfälle würden die Liste der Todesursachen anführen. Obwohl an Herzinfarkten 85 Prozent mehr Personen sterben als an Unfällen, meinten in einer Umfrage nur 20 Prozent der Befragten, dass mehr Menschen an Infarkten sterben als durch Unfälle.

(b) Unter *Repräsentativitätsheuristik* versteht man den geschätzten Grad der Übereinstimmung oder Ähnlichkeit zwischen einer Stichprobe und einer Grundgesamtheit, einem Element und einer Klasse oder Kategorie, einer Handlung und einer handelnden Person, einer Wirkung und einer Ursache oder, allgemeiner, die Übereinstimmung zwischen einem Ergebnis und einem Modell (Tversky und Kahneman, 1974). Personen halten Ereignisse für wahrscheinlicher, wenn sie einem gängigen Prototyp, das heißt einem typischen Vertreter eines Begriffs, entsprechen, und ignorieren dabei oft in ihren Urteilen wesentliche Merkmale der Grundgesamtheit. Die Basisrate, die Gruppengröße und die Auftrittswahrscheinlichkeit werden dabei vernachlässigt (Gordon, 1996).

Kahneman und Tversky (1973) beschrieben in einem Versuch eine Person, die aus einer Gruppe von 100 Ingenieuren und Juristen zufällig ausgewählt worden war. Unabhängig davon, wie viele Juristen und Ingenieure angeblich in der Gruppe waren (Basisrate), wurde eine Person nur nach einer vagen Beschreibung jeweils der Gruppe zugeordnet, deren Stereotyp sie entsprach. In einem anderen Experiment wurden Preissteigerungen als unwahrscheinlich erachtet, auch wenn in den fünf Jahren zuvor Preissteigerungen stattfanden; sieben positive Monatsergebnisse in den letzten zehn Monaten werden als relevanter erachtet als 70 in den letzten 100 (Gordon, 1996).

Urteilsfehler beruhen auch auf Missverständnissen über den Zufall und typisch zufälligen Ereignissen. Beispielsweise sieht folgende Zahlenkombination im Lotto, in dem sechs Zahlen von 45 gezogen werden, aufgrund ihrer internen Logik nicht nach einer zufälligen Ziehung aus: „1 2 3 4 5 6". Schon eher wird die Zahlenfolge „7 13 24 25 30 41" als zufällig angesehen. Deshalb wird der zweiten Zahlenfolge auch die höhere Auftrittswahrscheinlichkeit zugeschrieben als der ersten. Genauso irrig ist der Glaube, die Chance für die Farbe Rot im Roulette erhöhe sich nach einer langen Sequenz von Schwarz.

(c) Schließlich kommen Urteile oft aufgrund der *Verankerungs- und Anpassungsheuristik* zustande. Durch die Orientierung an einer (nicht relevanten) Bezugsgröße fallen Schätzungen falsch aus beziehungsweise werden auch bei Vorliegen neuer Informationen nicht ausreichend in Bezug auf die Problemstellung adaptiert (Jungermann, et al., 1998; Gordon, 1996).

Personen beginnen ihre Häufigkeits- und Wahrscheinlichkeitsschätzungen mit einem Ausgangswert, der durch die Problemformulierung oder durch eine andere Person vorgegeben ist. Sie verankern und passen ihre Urteile im Laufe der Schätzung unzureichend an. In der folgenden Rechenaufgabe werden die ersten Zahlen als Anker oder Startpunkt verwendet, an die das geschätzte Ergebnis im Rechenverlauf angepasst wird. Zwei Gruppen von Studenten hatten fünf Sekunden Zeit, das Ergebnis folgender Multiplikationen zu schätzen:

Beispiel (a): $8 * 7 * 6 * 5 * 4 * 3 * 2 * 1$
Beispiel (b): $1 * 2 * 3 * 4 * 5 * 6 * 7 * 8$

Um schnell eine Lösung anzubieten, rechnen die Teilnehmer die ersten Produkte aus und schätzen bei Zeitknappheit vom ersten Teilergebnis ausgehend das Endergebnis. Im ersten Beispiel wurde ein durchschnittliches Ergebnis (Median) von 2.250, im zweiten Rechenbeispiel von 512 geschätzt. Tatsächlich beläuft sich das Produkt auf 40.320.

Nicht nur Laien, auch Experten unterliegen der Verankerungs-Anpassungsheuristik: Rumiati und Bonini (1996) berichten eine Studie von Northcraft und Neale (1987), in der Immobilienmakler und Universitätsstudenten in Tucson, Arizona, den Preis eines Wohnhauses zu schätzen hatten. Die Studienteilnehmer konnten sich über das Haus genau informieren und den Wert schätzen. Zudem verfügten die Makler über einschlägige Erfahrung. Der aktuelle Marktwert des Hauses belief sich auf $ 74.900. In einer Informationsbroschüre wurde zusätzlich zur Beschreibung des Objektes entweder ein niedriger ($ 65.900) oder ein hoher Ankerpreis ($ 83.900) vorgegeben. Sowohl Studenten als auch Makler nannten einen niedrigeren Preis, wenn ein niedriger Anker vorgegeben worden war ($ 63.571 bzw. $ 67.811) als bei Vorgabe eines hohen Ankerwertes ($ 71.196 bzw. $ 75.190).

- Weitere Fehlerquellen bei der Informationssammlung und -bewertung sind „thematisches Vagabundieren", wobei Informationen aus verschiedenen Bereichen konzeptlos und unstrukturiert abgearbeitet werden „Einkapselung", wobei die (weitere) Umwelt und damit auch potenzielle Zusatzinformationen nicht berücksichtigt werden, sowie Wunschdenken und unrealistischer Optimismus: Angenehme Ereignisse scheinen eher überschätzt, unangenehme hingegen eher unterschätzt zu werden. Bekannt sind auch individuelle Strategien im Sinne der Verdrängung, welche die Auseinandersetzung mit Gefahren und potenziell bedrohlichen Ereignissen verhindern (Weinstein, 1980). Weiter können adäquate Analysen vernachlässigt werden: Je komplexer und damit schwieriger ein Problem ist, umso detailliertere Analysen wären notwendig. Dennoch werden von den Entscheidungsträgern nicht unbedingt mehr Informationen eingeholt, analysiert und bewertet. Ursache hierfür ist, dass Analysen stets als Investition in ein Problem – und damit als Kosten – gesehen werden, und diese sind nicht nur von der Schwierigkeit, sondern auch von der Wichtigkeit der Entscheidung und der Konsequenzen abhängig(Koopman et al., 1998).
- Strategische Fehler können besonders dramatische Auswirkungen haben, wenn es zu einer „escalation of commitment" und zu „Sunkcosts-Effekten" kommt: Hatte eine getroffene Entscheidung in der Vergangenheit nicht die erwarteten oder negative Folgen, so muss dies nicht heißen, dass in der Zukunft anders entschieden wird: Je mehr bereits in eine Sache investiert wurde, umso wahrscheinlicher ist es, dass weiter daran festgehalten wird, auch wenn dadurch negative Konsequenzen zu erwarten sind. Wer lang auf den Autobus gewartet hat, wird immer weniger bereit sein, den Weg nach Hause zu gehen, denn zu viel Zeit wurde bereits investiert und der Bus „müsste jeden Moment kommen". Wer einen großen Teil des Weges zu einem wie immer gearteten Ziel gegangen ist, will nicht umkehren, weil er bereits sehr viel Aufwand investiert

hat (Greenberg und Baron, 2000). Aktien, die trotz Verlusten in den letzten zehn Jahren behalten wurden, wird eine Person auch weiter behalten; ein Mitarbeiter, der in den letzten 30 Jahren trotz umfangreicher Schulungen und Coachings nicht sehr zufriedenstellend gearbeitet hat, wird von seinem Chef wohl kaum noch entlassen werden: Er hat bereits zuviel in den Mitarbeiter investiert.

Weitere strategische Fehler können in der „Nichtberücksichtigung von Fern- und Nebenwirkungen" liegen, wobei nur direkte Konsequenzen oder zu wenige Aspekte einer Entscheidung berücksichtigt werden. Auch der sogenannte Methodismus, die Konzentration auf mathematische Operationen oder gängige Methoden und Vernachlässigung von neuen Ideen stellt eine strategische Fehlerquelle dar. In Organisationen, in denen zu schnell eine Aufgabe delegiert wird, beachtet man manchmal nicht, ob die zuständigen Personen tatsächlich den „Blick für das Ganze", Kompetenz und Expertise aufweisen und Teilziele zum Gesamtziel koordinieren können.

- Bei der Bewertung von Ergebnissen muss man vielfach beachten, dass konstruktive Selbstkritik sparsam geübt wird und einmal getroffene Entscheidungen nicht mehr in Frage gestellt werden. Im Nachhinein werden oft Rechtfertigungen für eine Entscheidung gesucht. Im Nachhinein betrachtet erscheinen Entwicklungen auch antizipierbar gewesen zu sein, wie im sogenannten

In der Rückschau sind Entwicklungen und Ereignisse nicht überraschend und wurden „immer schon" erwartet.

„hindsight bias" (Fischhoff, 1975; Fischhoff and Beyth, 1975) der „knew-it-all-along effect" (Wood, 1978; für einen Überblick siehe Hawkins und Hastie, 1990; Christensen-Szalanski und Willham, 1991). Hölzl, Kirchler und Rodler (2002) zeigten in einer Studie nach Einführung des Euro als Buchgeld in zwölf Staaten der Europäischen Union, dass jene Personen, die den Euro befürworteten und positive wirtschaftliche Entwicklungen für Österreich erwartet hatten, ein halbes Jahr nach der Einführung die positiven Entwicklungen immer schon geahnt hatten und die negativen aus ihrer Wahrnehmung ausblendeten. Umgekehrt hatten die Ablehner des Euro die negativen ökonomischen Konsequenzen immer schon erwartet und im Nachhinein diese auch bestätigt gefunden, während sie die positiven Folgen vernachlässigten.

4.4   Strategien gegen Entscheidungsfehler

Aus den obigen Ausführungen lassen sich eine Reihe von „Regeln" ableiten, um typische Entscheidungsfehler zu reduzieren oder zu vermeiden. Folgende Liste umfasst die wesentlichsten Fragen, die sich Entscheidungsträger stellen können, um in einer Entscheidungssituation in der Praxis manche „Entscheidungsfallen" zu vermeiden.

- *Fragen zur Situationsanalyse*
  Habe ich die Ausgangssituation ausreichend in meine Analyse miteinbezogen?
  Habe ich alle Rahmenbedingungen beachtet?
  Lasse ich mich bei der Analyse der Ausgangslage und der Rahmenbedingungen von Emotionen beeinflussen und trüben diese meinen Blick?
  Sind die bekannten Informationen für die aktuelle Entscheidungssituation relevant?

- *Fragen zur Zielsetzung*
  Sind meine Ziele realistisch, zu hoch gesteckt oder liegen sie zu weit in der Zukunft?
  Habe ich alle wesentlichen Teilziele beachtet?
  Welche – nicht intendierten – Nebenwirken werden meine Handlungen haben?
  Welche langfristigen Folgen meiner Entscheidung sind zu erwarten?
  Welche Wechselwirkungen der vielen Variablen könnten mein Ergebnis beeinflussen?
  An welchen Kriterien kann ich den Erfolg meiner Entscheidung evaluieren?

- *Fragen zur Informationssuche und -bewertung*
  Bewerte ich die Informationen, die ich erhalte, oder die Informationsquelle?
  Aus welchen Perspektiven könnte ich vorhandene Informationen auch bewerten?
  Habe ich alle relevanten Informationen eingeholt?
  Verlief meine Informationssuche systematisch?
  Habe ich alle entscheidungsrelevanten Aspekte berücksichtigt?
  Aus welchen Bereichen fehlen mir noch Informationen?
  Wie und von wem könnte ich noch weitere notwendige Informationen erhalten?
  Lasse ich mich bei der Einschätzung der Erfolgswahrscheinlichkeiten von gängigen Vorstellungen leiten? Hänge ich an Stereotypen?

Gebe ich neuen Informationen zu viel Gewicht? Vernachlässige ich bekannte Informationen?

Sind einige meiner Informationen bloß „Ballast", den ich in den Überlegungen „mitschleppe"?

Welche Informationen und Rahmenbedingungen kann ich vernachlässigen?

- *Fragen zur Strategie*

Stecke ich in der aktuellen Situation fest? Bin ich genügend oft „einen Schritt zurück getreten" und habe ich versucht, die Entscheidungssituation global zu sehen?

Tappe ich von Teilziel zu Teilziel, fehlt mir also ein „Gesamtkonzept" des Entscheidungsprozesses?

Halte ich an meiner Vorgehensweise fest, weil ich glaube, dass sie erfolgreich sein muss, oder bloß „aus Gewohnheit"?

Will ich mir nicht eingestehen, dass ich „in die falsche Richtung gelaufen" bin, weil schon Kosten angefallen sind?

Habe ich neue, alternative Vorgehensweisen überlegt? Sind herkömmliche Vorgehensweisen sinnvoll?

Meide ich eine alternative Strategie, weil ich fürchte, sie wäre zu aufwendig?

Wäre eine Delegation der Aufgabe sinnvoll?

Wer hat die höchste Kompetenz, eine effiziente Entscheidung zu treffen?

Wer hat die notwendigen Ressourcen, um die aktuelle Entscheidung adäquat zu treffen?

- *Fragen zur Ergebnisbewertung*

Ist die getroffene Entscheidung tatsächlich sinnvoll?

Gibt es alternative Lösungen?

Wer könnte mir helfen, Fehler zu entdecken?

Rechtfertige ich im Nachhinein mein Handeln, versuche ich, die zahlreichen Entscheidungs- und Handlungsschritte in eine passende, logische Ordnung zu bringen, und vermeide ich dabei, aus Fehlern zu lernen?

4.5 Entscheidungen von Individuen und in Gruppen

Können Gruppen von Personen für den Betrieb effektiver Entscheidungen treffen als Einzelpersonen? Ähnlich wie bei der Lösung von Problemen sind viele Vorteile der Gruppe gegenüber individuellen Entscheidungen denkbar: Mehr Personen haben mehr Möglichkeiten, vielfältige Information zu sammeln und zu bewerten, Entscheidungssituationen können aus verschiedenen Perspektiven analysiert werden usw. Wenn in Organisationen Entscheidungen von Gruppen getroffen werden und Spezialisten ihr Fachwissen geltend machen können, dürfte eine höhere Akzeptanz erwartet werden als bei autoritären Einzelentscheidungen. Entscheidungen in Gruppen könnten jedoch oft länger dauern als Einzelentscheidungen und bergen die Gefahr von Konflikten und des übermäßigen, nicht gerechtfertigten Einflusses einiger weniger Personen. Gruppen könnten

In komplexen Situationen könnten Gruppen effektivere Entscheidungen treffen als Individuen. Allerdings kann die Dynamik in Gruppen auch lösungshinderlich sein.

aber auch durch die Bereitschaft zu Kompromissen, durch die Anwendung von bestimmten sozialen Entscheidungsschemata (Davis, 1973), wie Mehrheitsregel, Gleichheitsregel, Proportionalitätsregel, Koalition der Schwachen, Wahrheitsregel, Machtregel etc., vorschnell zu einer Entscheidung gelangen, anstatt die Sachverhalte im Detail zu erörtern und Konsequenzen zu überlegen. Weiter ist es in der Gruppe möglich, dass Verantwortung „geteilt" wird und damit (zu) extreme Entscheidungen getroffen werden. Personen, die nicht kooperieren können oder wollen, könnten dazu tendieren, in Gruppenentscheidungen anstelle der Organisationsziele ihre egoistischen Ziele zu optimieren. Misstrauen oder Spannungen können Entscheidungsprozesse verzögern. In Organisationen mit einer Kultur ausgeprägten Konkurrenzdenkens kann die Effizienz von Gruppenentscheidungen sinken. (Gordon, 1996; Greenberg, 2002; Greenberg und Baron, 2000; Robbins, 2001; Weinert 1998). Einige Vor- und Nachteile von Gruppen- versus individuellen Entscheidungen sind in Tabelle 5 zusammengefasst.

Wenn Gruppen Entscheidungen treffen, sollten Entscheidungen besonders vorsichtig geprüft werden, wenn sich die Mitglieder als „unfehlbare Experten" sehen und die Gefahr des „group think" droht. „Gruppendenken" kann zu dramatischen Fehlern führen. Gruppendenken ist dann beobachtbar, wenn die Gruppenmitglieder in einem Entscheidungsprozess die kritische Prüfung der Optionen zugunsten eines positiven Gruppenklimas und einem starken Zusammengehörigkeitsgefühl vernachlässigen (Robbins, 2001). Die betroffenen Personen fühlen sich sicher und unverletzbar in ihrer Entscheidung. Kritik von externen Personen wird abgewertet und auf die Gruppenmitglieder starker Druck ausgeübt, der jede Art von interner Diskussion verhindert. Gruppendenken ist besonders in hoch kohäsiven Gruppen und in Stresssituationen möglich,

Bei „Gruppendenken" vernachlässigen die Gruppenmitglieder in einem Entscheidungsprozess die kritische Prüfung der Optionen zugunsten eines positiven Gruppenklimas.

Tab. 5: Vor- und Nachteile von Gruppenentscheidungen

Vorteile von Gruppenentscheidungen	Nachteile von Gruppenentscheidungen
Verarbeitung komplexer Informationen ist möglich.	Der Zeitaufwand kann höher sein.
Berücksichtung verschiedener Sichtweisen ist möglich, demokratische Lösungen sind wahrscheinlicher.	Dominanz einer oder weniger Personen ist möglich.
Beurteilung einer Lösung durch mehrere Personen bedeutet Perspektivenvielfalt	Druck zur Konformität, Groupthink-Phänomene
Risikobereitschaft kann vorteilhaft sein.	Risikobereitschaft kann extrem sein.
Akzeptanz der Entscheidung ist größer.	Verantwortungsstreuung
Kreativität durch Meinungsvielfalt	

wenn das Gefühl der Sicherheit gegenüber Gefahren überschätzt und aufkeimende interne Kritik unterdrückt sowie Entscheidungen oder Verhaltensweisen der Gruppenmitglieder nicht in Frage gestellt werden und wenn darüber hinaus angenommen wird, dass alle Gruppenmitglieder die gleiche Sichtweise haben, ohne dies zu überprüfen (Gordon, 1996; Greenberg und Baron, 2000; Tosi et al., 2000; von Rosenstiel, 1992; Weinert, 1998).

Dass auch Gruppen, selbst dann, wenn sie mit hochkarätigen Experten besetzt sind, suboptimale Entscheidungen treffen, wurde in der Sozialpsychologie von Janis (1972) analysiert. Er konnte nachweisen, dass hochdramatische Entscheidungen, wie sie beispielweise von Experten der Politik und des Militärs getroffen wurden, unter ganz bestimmten Umständen wahrscheinlich sind und die Prämissen des Rationalmodells verletzt werden. Janis (1972) analysierte Dokumente über die Entscheidung zur Invasion in der Schweinebucht 1961. Der amerikanische Präsident J. F. Kennedy und eine Gruppe von Beratern hatten die Invasion in Kuba beschlossen, und erst als alles schiefgegangen war, musste sich die Gruppe eingestehen, dass die Entscheidung unvernünftig gewesen war. Rätselhaft war, wie die Experten nur so unvernünftig entscheiden konnten. Janis (1972) fand, dass in hoch kohäsiven Gruppen, die von alternativen Informationsquellen isoliert sind und in denen der Führer eine bestimmte Lösung favorisiert, die Wahrscheinlichkeit des Gruppendenkens hoch ist. Die Gefahr des Gruppendenkens unter hohem Konformitätsdruck und bei Selbstzensur, bei Überschätzung der Unverletzbarkeit der Gruppe und bei kollektiver Rationalisierung sind mangelhafte Zieldefinition, selektive Informationsverarbeitung, ungenügende Bewertung der Konsequenzen der Alternativen und schlechte Realisierungspläne.

Janis (1972; Janis und Mann, 1977) untersuchte intuitiv-phänomenologisch anhand von Tagungsprotokollen und Berichten, wie Menschen tatsächlich vorgehen, wenn sie für sich selbst, ihre Familie, ihre Organisation oder als Politiker Entscheidungen mit weitreichenden Konsequenzen zu fällen haben. Besonders wurde auch untersucht, wie Stresssituationen eine wirksame und sachgerechte Informationsverarbeitung behindern. In Gruppen, die ein hohes Maß an Kohäsion aufweisen, sich von der Außenwelt absondern, über kein systematisches Verfahren der Informationsgewinnung und -bewertung verfügen, direktiv geführt sind und angesichts einer schwierigen Situation unter Stress stehen, ist die Versuchung besonders groß, gegenseitige Unterstützung und voreilige Übereinstimmung zu suchen. Die Illusion der Unverwundbarkeit, kollektive Rationalisierung, Abbau moralischer Bedenken, abwertende Verkennung der Gegner, Sanktionen gegen Dissidenten, Verdrängung der eigenen Zweifel an der Weisheit der Gruppe, Überschätzung der Einhelligkeit und Abschirmung gegen Kritik an der Effizienz und moralischen Qualität der Gruppenarbeit sind die Folgen. Dies führt dazu, dass wichtige Handlungsalternativen und wichtige Ziele übersehen, die mit der bevorzugten Alternative verbundenen Risiken unterschätzt und frühzeitig ausgeschiedene Alternativen nicht erneut bewertet werden. Weiters werden zu wenig Informationen eingeholt und die vorhandene Information einseitig verarbeitet; schließlich wird verabsäumt, Pläne für den Notfall auszuarbeiten, weil ein Notfall undenkbar ist.

Um Prozessen des Gruppendenkens Einhalt zu gebieten, scheinen folgende Rahmendbedingungen hilfreich: Ein offenes Diskussionsklima ist anzustreben, die Kontrolle der Gruppenentscheidung zu vermeiden, es sollen Untergruppen gebildet werden, die (teilweise) an gleichen Aufgaben arbeiten. Weiter sollte nicht geäußerte Kritik nicht als Konsens interpretiert und externes Expertenfeedback gesucht werden. Der

Stresssituationen schränken die Qualität von Gruppenentscheidungen massiv ein.

Gefahren des Gruppendenkens können eingeschränkt werden.

Gruppe muss ausreichend Zeit zur Verfügung stehen. Ideal ist die Abhaltung sogenannter „second-chance meetings", das sind Möglichkeiten, getroffene Entscheidungen zu „überschlafen" und dann noch einmal zu diskutieren. Zur Reduktion der Gefahren des Gruppendenkens seien folgende Empfehlungen gegeben:

- Aufklärung über die Gefahr des Gruppendenkens
- Zurückhaltung des Vorgesetzten in eigenen Stellungnahmen
- Ermutigung der Gruppenmitglieder zur Äußerung von Einwänden und Zweifeln
- Fallweise die Übernahme der Rolle eines „advocatus diaboli" durch ein Gruppenmitglied
- Gelegentliche Bildung von Untergruppen zur konkurrierenden Bearbeitung eines wichtigen Teilproblems
- Sorgfältige Analyse der Möglichkeiten und Absichten eines eventuellen Konkurrenten oder Gegners
- Erneutes Überdenken der (vorläufigen) Einigung auf eine Lösung
- Beiziehen externer Beobachter und Kritiker
- Einholung von Meinungen vertrauenswürdiger Kollegen durch Gruppenmitglieder
- Einsatz einer parallel am selben Problem arbeitenden Gruppe

Gruppen bergen auch das Risiko extremer Entscheidungen, des sogenannten Groupshift. Von Groupshift wird dann gesprochen, wenn das Risiko der Entscheidung der Gruppe vom (mittleren) Risiko, das einzelne Mitglieder akzeptieren würden, abweicht. Diese Abweichung kann entweder in Richtung Konservatismus (Tendenz zur Mitte) hin zu einer eher neutralen Entscheidung oder eher in Richtung Risiko gehen, wobei der zweite Fall häufiger auftritt. Eine Ursache hierfür ist, dass risikofreudige Personen

> **Gruppen neigen dazu, riskantere Entscheidungen zu treffen als Individuen.**

ihre Position in Diskussionen aggressiver und dominanter vertreten als risikoscheue und vorsichtige Personen. Die einmal getroffene risikofreudige oder -scheue Entscheidung wird von den Gruppemitgliedern nicht mehr in Frage gestellt oder die Kritik wird abgewehrt. Gruppen erzeugen auch erheblichen Druck zu Konformität, wie bereits Asch (1955) in seinen klassischen Experimenten zur Urteilsverzerrung zeigen konnte. Besonders stark sind diese Effekte, wenn die Bindung an die Gruppe stark ist (Herkner, 1991; Robbins, 2001). Eine weitere Erklärung für das Phänomen der risikofreudigen Entscheidungen in Gruppen ist die familiäre Atmosphäre, die in Gruppen entsteht: Durch das aufkommende Gefühl der Sicherheit agieren die Mitglieder oft waghalsig. Ein weiterer Faktor dürften auch soziale Normen sein, denn im Allgemeinen werden Personen mit mutigen, risikofreudigen Einstellungen positiver beurteilt als vorsichtige. Als besonders wesentliche Ursache ist jedoch die in Gruppen auftretende Risikostreuung anzusehen: Je größer die Gruppe wird, umso weniger fühlen sich die Einzelnen für das Ergebnis der Gruppenarbeit verantwortlich (Robbins, 2001).

In Gruppen können auch emotionale Faktoren unverhältnismäßig auf Entscheidungen einwirken. Bezüglich des sachlich nicht notwendigerweise gerechtfertigten Einflusses Einzelner oder von Untergruppen sei erwähnt, dass Minoritäten durch besonders konsistente Argumentation die Überhand gegen die Majorität in der Gruppe gewinnen können. Einfluss auf kontrovers diskutierte Themen haben vorwiegend jene Argumente, die häufig vorgebracht und konsistent vertreten werden. Aufgrund der demokratischen Regel, die Majorität habe das Sagen, und weil mehrere Personen mehrere verschiedene Argumente liefern

Konsistent und beharrlich argumentierende Minoritäten können sich gegenüber Majoritäten durchsetzen.

und diese wiederholt vorbringen können, haben Majoritäten mehr Einfluss als Minoritäten (Burnstein, 1982). Moscovici (1979) betont allerdings, dass Minoritäten dann besonders einflussreich sind, wenn sie konsistent argumentieren. Konsistente Argumentation provoziert offenen Widerspruch. Die oft heterogene Mehrheit, die sich in Sicherheit wiegt, verliert dann zunehmend an Position, so dass längerfristig ein Umdenken und die Annäherung an die Meinung der Minderheit und schließlich die Akzeptanz der Meinungen der Minderheit möglich sind. Wer konsistent – nicht notwendigerweise kompetent – argumentiert, wird als urteilssicherer wahrgenommen als andere (Herkner, 1991).

Bezüglich des sachlich nicht gerechtfertigten Einflusses in Gruppenentscheidungen sei auch auf die Bedeutung von Emotionen verwiesen. In einer Reihe von Experimenten untersuchten Brandstätter und Mitarbeiter (Brandstätter, 1985; Brandstätter, Kirchler, Sananes und Shedler, 1986; Kirchler und Brandstätter, 1985) die Wirkung von Sympathie, Freundlichkeit und Feindseligkeit auf die Konsensbildung und entwickelten eine Theorie, wonach die Wirkung von Emotionen von der Persönlichkeit der Gesprächspartner abhängt. Untersucht wurde vor allem, wie Freundlichkeit beziehungsweise Unfreundlichkeit von extravertierten oder introver

In Diskussionen und Verhandlungen wirken Emotionen je nach Persönlichkeit der Gesprächspartner unterschiedlich.

tierten, von emotional stabilen oder labilen Personen beantwortet wird. Die Studien belegen, dass introvertiert-labile (verstärkungsorientierte) Personen den angegriffenen Standpunkt als Folge einer Konditionierung von Angst meiden und dafür durch Ausbleiben weiterer Angriffe belohnt (negativ verstärkt) werden; extravertiert-labile (ausgleichsorientierte) Personen reagieren dagegen auf Aggressionen eher mit Ärger als mit Angst. Die Ärgerreaktion wird auf Person und Standpunkt des Gegners konditioniert. Dies führt zu einer teils impulsiven, teils mit Vorbedacht eingesetzten Gegenaggression und zu einer Verhärtung der Standpunkte.

Analog dazu fühlen sich introvertiert-labile Diskutanten durch freundliche Äußerungen des Partners in ihrer Meinung bestärkt, während extravertiert-labile nicht nur freundlich antworten, sondern auch in der Sache entgegenkommen. Nach dem Modell der klassischen Konditionierung würden unangenehme Gefühle, die durch die feindlichen Attacken des Gegners ausgelöst werden, von introvertiert-labilen Personen als Furchtgefühl dem eigenen Standpunkt und von extravertiert-labilen Personen als Ärgergefühl der Person und dem Standpunkt des Gegners assoziiert werden. Freundliche Partneräußerungen können spiegelbildlich dazu entweder sich selbst attribuiert werden und als Ausdruck von Anerkennung bestärkend wirken (Stolz) oder als Ausdruck von Wohlwollen (Dankbarkeit) dem Partner zugeschrieben werden. Je nach Persönlichkeit ist demnach die Wirkung von Emotionen in Diskussionen unterschiedlich: Einmal wird Ausgleich angestrebt, einmal nach Hinweisen (Verstärkern) für die Richtigkeit der eigenen Meinung gesucht. Stabile Personen lassen sich von den Emotionen des Opponenten kaum beeindrucken (Tabelle 6).

Tab. 6: Die Wirkung von Beeinflussungsstrategien bei emotional stabilen bzw. labilen und introvertierten bzw. extravertierten Personen.

Persönlichkeits-merkmal	Extraversion	Introversion
Emotionale Stabilität	?	?
Emotionale Labilität	Austauschorientierung: Freundlichkeit löst Dankbarkeit und Entgegenkommen in der Sache aus; Feindseligkeit löst Ärger und Beharren in der Sache aus.	Verstärkungsorientierung: Freundlichkeit führt zu Stolz und Selbstgefälligkeit und weiter zu Beharren in der Sache; Feindseligkeit löst Angst und Entgegenkommen in der Sache aus.

4.6   Entscheidungstechniken

Weil es schwierig ist, optimale oder auch nur zufriedenstellende Entscheidungen zu treffen, wurden eine Reihe von Techniken entwickelt, die helfen sollen, Fehler zu vermeiden und trotz limitierter menschlicher Informationsverarbeitungskapazität zu guten Entscheidungen zu gelangen. Im Folgenden werden die Techniken des Brainstormings, der Nominalgruppen, die Delphi-Technik, MAUM, die Trittleiter-Technik und Consensus Mapping vorgestellt (nach Brandstätter, 1988; siehe auch Weinert, 1998). Jede der Techniken zur Entscheidungsfindung hat Vor- und Nachteile. Je nach Rahmenbedingungen und Aufgabenstellung, aber auch nach den relevanten Kriterien der Entscheidungsgüte muss daher situativ entschieden werden, welche Technik angewendet werden soll. Tabelle 7 bietet einen Überblick über wesentliche Charakteristika und ist angelehnt an eine Darstellung von Robbins (2001).

Entscheidungstechniken stellen präskriptive Modelle dar, die Anleitungen zur Verbesserung von Entscheidungen bieten.

- *Brainstorming*: Die Technik des Brainstormings (Osborn, 1979) besteht aus zwei Phasen: Zunächst gilt es, möglichst viele und verschiedenartige neue Ideen oder mögliche Optionen zu generieren, ohne sie zu bewerten („Grünlichtphase"). Die Auflistung dieser Ideen kann Gruppenmitglieder dazu animieren, noch weitere Ideen zu generieren. Unerwartete und neue Ideen sind Ziel und häufig auch das Resultat dieses Vorgehens. Erst in der zweiten Phase findet eine Bewertung und Auswahl der Ideen statt („Rotlichtphase"; Gordon, 1996; Robbins, 2001; von Rosenstiel, 1992; Weinert, 1998). Der Vorteil dieses Vorgehens liegt darin, dass Mitglieder von Gruppen frei Ideen äußern können, ohne befürchten zu müssen, von anderen sofort kritisiert zu werden. Dadurch sind unkonventionelle Lösungsmöglichkeiten wahrscheinlich. Kritisch zur ersten Phase ist jedoch anzumerken, dass die Summe der Einfälle der einzelnen Personen jenen der Gruppe meist überlegen ist (von Rosenstiel, 1993). Trotz der Trennung von Ideengenerierung und -bewertung dürfte Angst vor Kritik hemmend wirken. Eine Möglichkeit, um den hemmenden Einflüssen entgegenzuwirken, besteht darin, die Gruppenmitglieder einzuladen, vor der eigentlichen Grünlichtphase alleine fünf bis zehn Ideen zu notieren und dann vorzustellen. Zunächst sollten alle Ideen notiert werden, und zwar unabhängig davon, wie relevant sie erscheinen. Im ersten Schritt zählt Quantität mehr als Qualität. In der Grünlichtphase wird keine Idee

Die Produktion unerwarteter und neuer Ideen ist Ziel des Brainstormings.

Tab. 7: Vergleich der Techniken zur Entscheidungsfindung in Gruppen.

	Direkte Interaktion	Brainstorming	Nominal-Gruppen	Delphi-Technik	MAUM	Consensus Mapping	Trittleiter-Technik
Anzahl der Ideen	↓	•	↑	↑	↓	•	↑
Qualität der Ideen	↓	•	↑	↑	•	↕	↑
Sozialer Druck	↑	↓	•	↓	↓	↑	↓
Notwendige finanzielle Ressourcen	↓	↓	↓	↓	↓	↓	↓
Notwendige zeitliche Ressourcen	•	•	•	↑	•	↑	↑
Aufgabenorientierung	↓	↑	↑	↑	↑	↑	↑
Gefahr von Konflikten	↑	↓	•	↓	↓	↑	•
Akzeptanz der Lösung	↑	↕	•	↓	↓	↑	•
Wirkung auf Gruppenkohäsion	↑	↑	•	↓	↓	↑	↓
Eignung für komplexe Entscheidungen	↕	↓	↑	↑	↓	↑	↑

Legende: ↓: gering, •: mittelmäßig, ↑: hoch, ↕: große Bandbreite.

bewertet, auch nicht durch nonverbale Äußerungen, um Kreativität zu fördern. Endet die erste Phase nach einer festgesetzten Zeitspanne, werden die produzierten Ideen bewertet. Die Bewertung kann nach der „Zweispaltenmethode" erfolgen (von Rosenstiel, 1992): In zwei Spalten werden jeweils Pro- und Kontraargumente für jede Idee notiert, was die Übersichtlichkeit erhöht, aber auch zusätzlich Einfälle fördern kann. Auch für die Rotlichtphase gibt es einige Rahmenbedingungen, die für den Erfolg des Brainstormings notwendig erscheinen: Der Diskussionsleiter soll zu Kritik auffordern, um übertriebene Begeisterung zu bremsen; alle Gruppenmitglieder sollen die Möglichkeit zur Kritik erhalten. Bei wichtigen Entscheidungen ist es günstig, die Gruppe in zwei Subgruppen zu teilen, um Ergebnisse vergleichen zu können oder auch Kritik von Personen außerhalb der Gruppe einzuholen. Ein „advocatus diaboli" ermöglicht es, konsequent Kritik zu erhalten und allgemein für gut befundene Lösungen vor einer vorschnellen Umsetzung in Frage zu stellen.

- *Nominalgruppen-Technik*: In strukturierten Gruppentreffen erarbeiten die einzelnen Gruppenmitglieder (zumeist sieben bis zehn Personen) zunächst allein Lösungsvorschläge und notieren diese. Wie beim Brainstorming werden die Vorschläge im nächsten Schritt den anderen Teilnehmern präsentiert, indem sie auf eine Tafel oder ein Plakat geschrieben werden. Nach einer Diskussion

In Nominalgruppen werden Entscheidungen individuell gefällt.

werden die Vorschläge aller von den einzelnen Gruppenmitgliedern individuell bewertet und in eine Rangreihe nach Wichtigkeit, Brauchbarkeit etc. gebracht. Gibt es Unstimmigkeiten, wird der Vorgang wiederholt. Um die Technik der Nominalgruppen erfolgreich anwenden zu können, ist es notwendig, dass Abstimmungen und Inputs anonym erfolgen, nur eine Aufgabe in einer Sitzung bearbeitet wird und die Vorschläge nicht zu früh bewertet werden. Der Name „Nominalgruppen" bezieht sich darauf, dass zwar Arbeitsgruppen gebildet werden, diese jedoch nicht eine Gruppenentscheidung treffen, sondern individuell Entscheidungen gefällt werden. Zur Abhaltung von Nominalgruppen ist es nicht unbedingt notwendig, dass alle Personen physisch anwesend sind: Telefon- und Videokonferenzen ermöglichen die Abhaltung, selbst wenn sich die Teilnehmer in verschiedenen Städten aufhalten (Greenberg und Baron, 2000). Nominalgruppen sind vorteilhaft, wenn die Gruppengröße und die Vielfalt der Fachkenntnisse ansteigen. Sie haben den großen Vorteil, dass sich dominante Einzelpersonen nicht übermäßig stark durchsetzen. Dadurch kann man erwarten, dass Entscheidungen weithin akzeptiert werden. Der Vorteil dieser Methode ist, dass trotz formeller Gruppentreffen individuelles Denken gefördert wird. Ein Entscheidungsprozess kann mit der Nominalgruppentechnik auch unter beschränkten Zeitverhältnissen erfolgreich sein (Gordon, 1996; Greenberg und Baron, 2000; Robbins, 2001; Weinert, 1998).

- *Delphi-Technik*: Bei sehr großen Gruppen, in Entscheidungssituationen, bei denen große Meinungsunterschiede zu erwarten sind oder wenn in der Vergangenheit keine Einigung zu erreichen war oder die Anonymität der Einzelmeinungen zu wahren ist, bietet sich die Delphi-Technik an. Der Name bezieht sich auf das Orakel von Delphi aus der griechischen Mythologie: So

Die Delphi-Technik führt Schritt für Schritt zu einem Konsens.

wie damals Menschen vom Orakel Hinweise auf ihr Schicksal zu erhalten hofften, um „richtige" Entscheidungen zu treffen und Handlungen zu setzen, versuchen auch heute Personen möglichst gute Entscheidungen zu treffen, indem sie eine Reihe von Experten nach ihren Meinungen fragen. Die Streuung der Expertenmeinungen wird zu reduzieren versucht, indem immer wieder die Einzelmeinungen an alle rückgemeldet werden und erneut eine Einschätzung durch die Teilnehmer vorgenommen wird, so lange, bis ein Konsens erreicht ist (Greenberg und Baron, 2000). Das Procedere ist in mehrere Abschnitte unterteilbar: Zunächst setzen sich die Mitglieder einzeln mit einem Sachverhalt auseinander. Anschließend entwickelt eine kleine Teilgruppe einen Fragebogen, der einer größeren Teilgruppe vorgegeben wird. Die Ergebnisse dieser ersten Erhebung werden im nächsten Schritt in einen neuen Fragebogen eingearbeitet, der wieder von der größeren Menge von Personen bearbeitet wird. So gelingt es, die Ergebnisse der ersten Erhebung rückzumelden und wieder einzeln bearbeiten oder von allen diskutieren zu lassen. Dieses Vorgehen wird wiederholt, bis es zu einer Einigung kommt. Die Technik ist gut strukturiert, jedoch zeitaufwendig (Gordon, 1996; Greenberg und Baron, 2000; Robbins, 2001; Weinert, 1998).

- *MAUM-Technik*: Die Multi-attribute-utility-measurement-Technik geht von stark vereinfachten Modellannahmen für soziale Entscheidungssituationen aus. Das Vorgehen in Entscheidungen wird in einzelne Schritte gegliedert: Zunächst wird der Nutzen, der maximiert werden soll, bestimmt. Erst dann können eine Liste von Handlungsalternativen erstellt und die Zieldimensionen definiert werden. Im nächsten Schritt werden die Zieldimensionen nach ihrer Wichtigkeit geordnet und gewichtet, die Gewichte werden schließlich normiert. Der erwartete Nutzen jeder möglichen Handlung wird auf jeder Zieldimension eingeschätzt. Der erwartete Gesamtnutzen jeder Handlung kann anschließend berechnet werden. Die Handlung mit dem größten erwarteten Nutzen wird letztlich gewählt. Das Vorgehen erscheint effizient, jedoch recht theoretisch und auf praktisch bezweifelbaren Annahmen basierend.

  MAUM arbeitet mit stark vereinfachten Modellannahmen für soziale Entscheidungssituationen.

- *Trittleiter-Technik*: Hier wird versucht, die Teilnehmer dazu zu animieren, ihre Ideen vorzubringen: Immer wieder wird ein neues Mitglied einer Gruppe aufgefordert, seine Ideen zu präsentieren, und zwar unabhängig vom Wissens-

  Die Trittleiter-Technik führt zu einer schrittweisen Einbindung individueller Ideen.

stand der Gruppe, welche die zu bearbeitende Aufgabe bereits diskutiert hat. Zu Beginn arbeiten zwei Personen eigenständig an einer Aufgabenstellung und finden sich erst dann zusammen, um ihre Ergebnisse zu präsentieren und gemeinsam zu diskutieren. Inzwischen arbeitet auch eine dritte Person an der Aufgabe und präsentiert im nächsten Schritt ihren Output der Zweiergruppe und so weiter, bis schließlich die gesamte Gruppe gemeinsam eine Lösung sucht (Greenberg und Baron, 2000). Erfolgreich kann die Trittleiter-Technik dann sein, wenn den einzelnen Personen ausreichend Zeit zur Aufgabenbearbeitung zur Verfügung steht, bevor sie auf die Gruppe trifft, und auch die Gruppe ausreichend Diskussionszeit hat. Der Vorteil der Technik ist, dass die einzelnen Gruppenmitglieder gezwungen werden, eigene Ideen zu generieren, ohne von der Gruppe beeinflusst worden zu sein. Andererseits hat die Gruppe den Vorteil, nicht bei einer Entscheidung hängen zu bleiben, sondern stets neue Inputs zu erhalten.

- *Consensus Mapping*: Consensus Mapping basiert auf der Typisierung und Kategorisierung von ähnlichen Ideen, um schließlich zu einer Lösung zu gelangen. Zunächst entwickelt, erklärt und beurteilt eine Arbeitsgruppe eine Reihe von Ideen. Im nächsten Schritt werden die Ideen zu Untereinheiten gruppiert, wobei alternative Kategorisierungen diskutiert werden. Die von Subgruppen entwickelten Kategorien werden auf Überlappungen und Redundanz geprüft und zu einer einheitlichen Kategorisierung zusammengefügt. Die Gruppenmitglieder nehmen nun

Consensus Mapping basiert auf der Typisierung und Kategorisierung von ähnlichen Ideen.

zu den standardisierten Kategorien Stellung, bis sie zu einer Lösung gelangen. Erfolgreich ist die Technik des Consensus Mapping dann, wenn komplexe, multidimensionale Aufgaben mit voneinander abhängigen Bereichen und sequentiellen Stufen zu bearbeiten sind. Die Qualität des Ergebnisses ist stets von den generierten Ideen abhängig (Gordon, 1996).

Glossar

Anti-Looping-Regel	Regel zur Problemlösung, die verhindert, dass sich Personen bei der Problembearbeitung „im Kreis drehen".
Brainstorming	Entscheidungstechnik. Zunächst gilt es, möglichst viele und verschiedenartige neue Ideen oder mögliche Optionen zu generieren, ohne sie zu bewerten. In der zweiten Phase findet eine Bewertung und Auswahl der Ideen statt.
Bounded Rationality	Entscheidungskonzept auf der Basis limitierter menschlicher Rationalität von Herbert Simon, das davon ausgeht, dass nicht die „beste aller Alternativen gewählt wird, sondern die erste zufriedenstellende Alternative (satisficing principle).
Chunking	Regel zur Problemlösung, nach der elementarere Regeln zu einer Makroregel zusammengefasst werden.
Consensus Mapping	Entscheidungstechnik, die auf der Typisierung und Kategorisierung von ähnlichen Ideen basiert, um schließlich zu einer Lösung zu gelangen. Zunächst entwickelt, erklärt und beurteilt eine Arbeitsgruppe eine Reihe von Ideen. Im nächsten Schritt werden die Ideen zu Untereinheiten gruppiert, wobei alternative Kategorisierungen diskutiert werden. Die von Subgruppen entwickelten Kategorien werden auf Überlappungen und Redundanz geprüft und zu einer einheitlichen Kategorisierung zusammengefügt. Die Gruppenmitglieder nehmen nun zu den standardisierten Kategorien Stellung, bis sie zu einer Lösung gelangen.

Delphi-Technik	Entscheidungstechnik. Zunächst setzen sich die Mitglieder einzeln mit einem Sachverhalt auseinander. Anschließend entwickelt eine kleine Teilgruppe einen Fragebogen, der einer größeren Teilgruppe vorgegeben wird. Die Ergebnisse dieser ersten Erhebung werden im nächsten Schritt in einen neuen Fragebogen eingearbeitet, der wieder von der größeren Menge von Personen bearbeitet wird. So gelingt es, die Ergebnisse der ersten Erhebung rückzumelden und wieder einzeln bearbeiten oder von allen diskutieren zu lassen. Dieses Vorgehen wird wiederholt, bis es zu einer Einigung kommt.
Deskriptive Entscheidungstheorien	Entscheidungsmodelle, die menschliches Entscheidungsverhalten in verschiedenen Situationen beschreiben.
Disjunktive Aufgaben	Disjunktive Aufgaben sind so gestaltet, dass ein Gruppenmitglied die Lösung kennt und die anderen Mitglieder sie akzeptieren müssen.
Effektivität von Gruppen bzw. Individuen bei der Lösung von Problemen	Das Modell nach Lorge und Solomon (1955) zum Vergleich der Effektivität von Gruppen und Individuen macht Lösungswahrscheinlichkeiten „berechenbar". Die Wahrscheinlichkeit p_G, dass eine Gruppe die Lösung des anstehenden Problems findet, ergibt sich unter der Voraussetzung, dass jedes der r Gruppenmitglieder mit der Wahrscheinlichkeit p_I allein die Lösung finden würde und dass sich die individuellen Lösungswahrscheinlichkeiten nicht durch die soziale Situation ändern, nach folgender Regel: $p_G = 1 - (1 - p_I)\, r$
Einsichtsproblem	Um ein Einsichtsproblem handelt es sich, wenn wenige Schritte zur Lösung führen; eine rasche und einfache Lösung möglich ist, sobald die Lösungsschritte gefunden sind; sowohl Ausgangs- als auch Zielzustand klar definiert, schnell zu verstehen und relativ schnell zu bearbeiten sind; kein oder ein klar definierbares Vorwissen und klare Transformationsregeln, die zur Zielerreichung verlangt werden, gegeben sind.

Emotionen in Verhandlungen und Entscheidungen	Freundlichkeit und aggressive Attacken wirken auf unterschiedliche Personen unterschiedlich (Austausch- versus Verstärkerorientierung).
Empowered Decisions	Die Mitarbeiter haben die Möglichkeit, Entscheidungen, die ihre unmittelbare Tätigkeit betreffen, selbständig zu treffen, ohne zuvor ihre Vorgesetzten zu konsultieren oder auf deren Entscheidung zu warten.
Entscheidung	Wahl einer Alternative aus einem Set von Möglichkeiten zur Bewältigung einer Aufgabe oder eines Ziels. Eine unmittelbar einsichtig korrekte Lösung gibt es nicht.
Entscheidungs-/ Urteilsheuristiken	„Kognitive Eilverfahren" zum Treffen von Entscheidungen in komplexen Situationen, unter Zeitdruck, bei geringer Motivation, kognitiver Überforderung etc. Heuristiken sind Faustregeln, die schnell zu einer Entscheidung führen, aber systematische Fehler bedingen können (Verfügbarkeits-, Repräsentativitäts-, Verankerungs- und Anpassungsheuristik).
Entscheidungsfehler	Systematische Abweichungen von rationalen Entscheidungen.
Entscheidungsgüte (Kriterien)	Die Qualität der Entscheidung, Akzeptanz des Ergebnisses, termingerechte Zielerreichung und Einhaltung von ethischen Standards machen die Güte von Entscheidungen aus.
Entscheidungstechniken	Techniken zur Unterstützung bei Entscheidungen, z. B. Brainstorming, Nominalgruppen-Technik, Delphi-Methode.
Framing-Effekte	Effekte in Entscheidungen, die auf die Präsentation einer Aufgabe oder den Kontext zurückzuführen sind.
Garbage can model	Beschreibung von Entscheidungen in Organisationen nach March, Simon u.a. In Organisationen „fließen Ströme" von Lösungen, Problemen und Mitarbeitern. Entscheidungen passieren, wenn Probleme und passende Lösungen von Mitarbeitern „zusammengebracht" werden.

Gewinnsicherung versus Verlustreparation	Risikoaversion beziehungsweise Risikosuche in Gewinn beziehungsweise in Verlustsituationen.
Group-shift	Gruppen neigen dazu, riskantere Entscheidungen zu treffen als Individuen.
Gruppen	Mehrere Personen (soziale Gebilde), die interagieren, besondere Ziele über längere Zeit verfolgen, und eine besondere Dynamik entwickeln.
Gruppen; formelle versus informelle	Formelle Gruppen werden in Organisationen eingesetzt, um bestimmte Ziele zu erreichen oder zu realisieren; informelle Gruppen bilden sich spontan, weil Personen einander sympathisch finden, Interessengleichheit besteht usw.
Gruppenattraktivität	Ausmaß, in dem es für Personen erstrebenswert ist, Mitglied einer Gruppe zu werden oder zu sein.
Gruppenbildung	Phasen der Gruppenbildung sind Forming, Storming, Norming und Performing.
Gruppendenken (group-think)	Gruppendenken ist dann beobachtbar, wenn die Gruppenmitglieder in einem Entscheidungsprozess die kritische Prüfung der Optionen zugunsten eines positiven Gruppenklimas vernachlässigen.
Gruppenkohäsion	Zusammenhalt zwischen den Mitgliedern einer Gruppe.
Gruppenmerkmale	Größe, Attraktivität, Kohäsion, Ziele, Rollen, Normen, etc.
Gruppennormen	Informell entwickelte Standards, an die sich die Gruppenmitglieder halten. Abweichungen werden sanktioniert.
Gruppenrollen	Funktionen der Gruppenmitglieder.
Implicite favorite-Modell	Entscheidungskonzept von Soelberg, das davon ausgeht, dass Menschen implizit eine Alternative favorisieren und in anschließenden Prozessen versuchen, die implizite Wahl zu rechtfertigen.
Interessenkonflikt	Aufgabe mit unvereinbaren Interessen.
Kognitiver Konflikt	Aufgabe, bei der zwischen widersprechenden Vorstellungen eine Auswahl getroffen werden muss.

Kommunikationsmuster	Rad, Y, Kette, Kreis, totale Interaktion.
Komplexe Probleme	Schwierige Aufgaben; verschiedene Variablen und Konsequenzen sind vernetzt, Veränderungen passieren auch ohne Eingriffe in eine Situation, mehrere Ziele können gegeben sein und manchmal sind Ziele nur vage formuliert und schließen einander aus.
Konflikt	Situation, in der zwischen zwei oder mehreren verschiedenen Verhaltensweisen, die einander ausschließen, gewählt werden muss.
Konjunktive Aufgaben	Von konjunktiven Aufgaben wird gesprochen, wenn keines der Gruppenmitglieder über das gesamte, zur Lösung eines Problems notwendige Wissen verfügt, sich das Wissen der Mitglieder aber zum gesamten notwendigen Wissen ergänzt.
Kreativleistung	Aufgabe, zu deren Bewältigung die Produktion neuer Ideen notwendig ist.
Leistungsmethoden	Aufgabe, nach einem Weg zu suchen, bestimmte Anforderungen bestmöglich zu bewältigen.
Lernstatt	Gruppe von Personen im Betrieb, mit dem Ziel, die Integration von Mitarbeitern aus verschiedenen Kulturen und mit unterschiedlicher Sprache zu erleichtern beziehungsweise zu fördern.
Machtkampf	Konflikt um die Machtreihung zwischen Personen.
MAUM-Technik	Die Multi-attribute-utility-measurement-Technik ist eine Entscheidungstechnik, die von stark vereinfachten Modellannahmen für soziale Entscheidungssituationen ausgeht. Zunächst wird der Nutzen, der maximiert werden soll, bestimmt. Erst dann können eine Liste von Handlungsalternativen erstellt und die Zieldimensionen definiert werden. Im nächsten Schritt werden die Zieldimensionen nach ihrer Wichtigkeit geordnet und gewichtet, die Gewichte werden schließlich normiert. Der erwartete Nutzen jeder möglichen Handlung wird auf jeder Zieldimension eingeschätzt.
Minoritäten; Einfluss von Minderheiten	Konsistent und beharrlich argumentierende Minoritäten können sich gegenüber Majoritäten durchsetzen.

Muddling through; inkrementelle Entscheidungen	Beschreibung von Entscheidungen in politischen Settings von Braybrooke und Lindblom. Entscheidungen werden in kleinen Schritten gemacht.
Nominalgruppen-Technik	Entscheidungstechnik. In strukturierten Gruppentreffen erarbeiten die einzelnen Gruppenmitglieder zunächst allein Lösungsvorschläge und notieren diese. Im nächsten Schritt werden die Vorschläge den anderen Teilnehmern präsentiert und nach einer Diskussion die Vorschläge aller von den einzelnen Gruppenmitgliedern individuell bewertet und in eine Rangreihe nach Wichtigkeit, Brauchbarkeit etc. gebracht.
Normative Entscheidungstheorien	Entscheidungsmodelle, die auf der Basis restriktiver Annahmen über menschliches Verhalten, ideale Vorgehensweisen in Entscheidungssituationen darstellen; z. B. das Rationalmodell.
Planungsaufgaben	Aufgabe zur Strategienentwicklung.
Polytelie	Ist innerhalb einer Problemstellung nicht ausschließlich ein Ziel vorhanden, sondern mehrere, so spricht man von Polytelie.
Präskriptive Entscheidungstheorien	Entscheidungsmodelle, die Anleitungen zur Verbesserung von Entscheidungen bieten.
Problem	Aufgabe mit korrekter, unmittelbar einsichtiger Lösung (intellektive Aufgaben).
Problemlösungsstrategie: Heuristisches Vorgehen	Heuristische Strategien bedeuten das Suchen nach Lösungswegen, beispielsweise nach Versuch-Irrtums-Vorgehen; sie führen im Gegensatz zu Algorithmen mit einer bestimmten Wahrscheinlichkeit zum gewünschten Ergebnis.
Problemlösungsstrategie: Rückwärtsgerichtete Orientierung	Bei rückwärtsgerichteten Strategien steht das Ziel im Zentrum der Aufmerksamkeit und das Lösungsvorgehen ist durch Planung gekennzeichnet. Die einzelnen Transformationsschritte zur Lösung hin werden geplant und immer wieder in Bezug auf den Zielzustand bewertet.
Problemlösungsstrategie: Vorwärtsgerichtete Orientierung	Bei vorwärtsgerichteten Strategien steht der Ausgangszustand im Zentrum der Aufmerksamkeit, von dem weg Veränderungen geplant werden.

Problemlösungs-strategien	Strategien zur Lösung von Problemen sind die Anti-Looping-Regel, Bildung von Makroregeln und Chunking, die Generalisation beziehungsweise Spezialisierung von Regeln.
Problemlösungs-strategien: stark versus schwach	Starke Strategien sind problemspezifisch, schwache Strategien sind abstrakter und damit auf verschiedene Probleme anwendbar.
Problemslösungs-strategie: Algorithmus	Sichere Regel, die bei korrekter Anwendung zur Lösung eines Problems führt.
Projektgruppe	Team von ausgewählten Experten, mit dem Ziel, komplexe Aufgabenstellungen zu bearbeiten und Ziele zu realisieren.
Prospect-Theory	Entscheidungstheorie von Kahneman und Tversky.
Qualitätszirkel	Qualitätszirkel bestehen aus kleinen Gruppen von Mitarbeitern gleicher oder verschiedener, meist unterer Hierarchieebenen, die sich regelmäßig auf freiwilliger Basis treffen, um selbst gewählte Probleme aus ihrem Arbeitsbereich zu diskutieren und eventuell zu bearbeiten.
R.A.W.F.S.-Modell	Modell von Lipshitz und Strauss über Taktiken zur Reduktion von Unsicherheit in Entscheidungssituationen.
Rationalmodell	Ökonomisches Entscheidungsmodell, basierend auf dem Konzept des „homo oeconomicus", das Entscheidungsprozesse idealisiert nach den Regeln der Logik darstellt.
Repräsentativitäts-heuristik	Geschätzter Grad der Übereinstimmung oder Ähnlichkeit zwischen einer Stichprobe und einer Grundgesamtheit, einem Element und einer Klasse oder Kategorie, einer Handlung und einer handelnden Person, einer Wirkung und einer Ursache oder, allgemeiner, Übereinstimmung zwischen einem Ergebnis und einem Modell und daraus folgende Urteilsverzerrungen.

Risiko (Entscheidungsrisiko)	Sichere Entscheidungen sind dann gegeben, wenn die Alternativen und deren sicher eintretenden Konsequenzen bekannt sind. Riskante Entscheidungen liegen dann vor, wenn bestimmte Konsequenzen mit bestimmter Wahrscheinlichkeit eintreten. In ambiguen Entscheidungen bestehen vage Vermutungen über die Wahrscheinlichkeit von Konsequenzen.
Rückschaufehler (hindsight-bias)	Nachdem Ereignisse, Veränderungen etc. bekannt sind, meinen Personen, immer schon die eingetretene Entwicklung vermutet zu haben.
Sachkonflikt oder Wahrscheinlichkeitskonflikt	Sach- oder Wahrscheinlichkeitskonflikte beziehen sich auf Urteile über reale Sachverhalte und Realisierungsmöglichkeiten. Eine Wahrscheinlichkeits-, Sach- oder Tatsachenbeurteilung ist dann notwendig, wenn sich die Partner über die Kriterien und Bewertung von Kriterien von Alternativen uneins sind.
Schwierigkeit (objektiv) von Problemen	Die objektive Schwierigkeit eines Problems hängt von der Definition des Ziels, der Strukturiertheit, möglichen Lösungsschritten und Transformationsregeln und der Wahrscheinlichkeit, die Lösung zufällig zu entdecken, ab.
Schwierigkeit (subjektiv) von Problemen	Die subjektive Schwierigkeit eines Problems hängt von der mentalen Repräsentation der Aufgabe, der Ausgangslage und des Ziels, der Barrieren und Möglichkeiten, diese zu überwinden, ab.
Schwierigkeit von Entscheidungen	Die Schwierigkeit von Entscheidungen hängt von der Menge der zur Verfügung stehenden Alternativen, der Anzahl von Entscheidungsschritten, den Konsequenzen, der Routine der Entscheidungsträger, deren Wissen, Motivation und Emotionen ab.
Sunk-cost-Effekt	Abhängigkeit aktueller Entscheidungen von vergangenen Investitionen.
Teilautonome Arbeitsgruppe	Arbeitsgruppen im Betrieb, ausgestattet mit der Freiheit, Unternehmensziele eigenverantwortlich, selbstkontrolliert und autonom zu erreichen.

Trittleiter-Technik	Entscheidungstechnik, bei der Teilnehmer dazu animiert werden, ihre Ideen vorzubringen: Immer wieder wird ein neues Mitglied einer Gruppe aufgefordert, seine Ideen zu präsentieren, und zwar unabhängig vom Wissensstand der Gruppe, welche die zu bearbeitende Aufgabe bereits diskutiert hat. Zu Beginn arbeiten zwei Personen eigenständig an einer Aufgabenstellung und finden sich erst dann zusammen, um ihre Ergebnisse zu präsentieren und gemeinsam zu diskutieren. Inzwischen arbeitet auch eine dritte Person an der Aufgabe und präsentiert im nächsten Schritt ihren Output der Zweiergruppe und so weiter, bis schließlich die gesamte Gruppe gemeinsam eine Lösung sucht.
Verankerungs- und Anpassungsheuristik	Abhängigkeit eines Urteils von (nicht relevanten) Bezugsgrößen.
Verfügbarkeitsheuristik	Ereignisse, die aktuell einfacher aus dem Gedächtnis abrufbar sind, werden als wahrscheinlicher eingeschätzt als schwer abrufbare Informationen.
Verteilungskonflikt	Ein Verteilungskonflikt liegt vor, wenn es um die Aufteilung von Gewinn und Kosten geht und die Interessen der Partner unterschiedlich sind.
Werkstattzirkel	Gruppen von ausgewählten Mitarbeitern, die vorgegebene Themen bearbeiten.
Wertkonflikt	Wertkonflikte bestehen dann, wenn grundlegende Zieldifferenzen zwischen den Partnern bestehen. Es geht nicht hauptsächlich um die Lösung von Sachproblemen, sondern um Wertvorstellungen.

Literatur

Antoni, C. H., Bungard, W. & Kübler, E. (1990). Qualitätszirkel, teilautonome Gruppen und Projektgruppen. Eine Bestandsaufnahme bei den 100 umsatzgrößten bundesdeutschen Industrieunternehmen. In: H. Methner & A. Gebert (Hrsg.), *Psychologen gestalten die Zukunft: Anforderungen und Perspektiven* (S. 464–474). Bonn: Deutscher Psychologen Verlag.

Antoni, C. H., Bungard, W. & Lehnert, E. (1992). Qualitätszirkel und ähnliche Formen der Gruppenarbeit in der Bundesrepublik Deutschland. Eine Bestandsaufnahme der Problemlösungsgruppen-Konzepte bei den 100 umsatzgrößten Industrieunternehmen. In: W. Bungard (Hrsg.), *Qualitätszirkel in der Arbeitswelt* (S. 109–138). Göttingen: Hogrefe.

Asch, S. E. (1955). Opinions and social pressure. *Scientific American*, 193, 31–55.

Bazerman, M. H. (1990). *Managerial Decision Making*. New York: Wiley.

Brandstätter, H. (1985). Social emotions in controversial discussions and in group decision making. *Advances in Group Processes*, 2, 249–281.

Brandstätter, H. (1987). Gruppenleistung und Gruppenentscheidung. In: D. Frey & S. Greif (Hrsg.), *Sozialpsychologie. Ein Handbuch in Schlüsselbegriffen*. München: Urban und Schwarzenberg.

Brandstätter, H. (1988). Problemlösen und Entscheiden in Gruppen. In: E. Roth (Hrsg), *Enzyklopädie der Psychologie*. Band D/III/3: Organisationspsychologie (S. 505–528). Göttingen: Hogrefe.

Brandstätter, H., Kirchler, E., Sananes, C. & Shedler, J. (1986). Yielding to a hostile adversary: Personality and arousal predict attitude change. International Journal of Small Group Research, 2, 1–17.

Braybrooke, D. & Lindblom, C. E. (1963). A Strategy of Decisions. Glencoe: Free Press.

Brown, R. (2000). Group Processes. Dynamics Within and Between Groups. (2nd edition). Oxford: Blackwell.

Bruner, J. & Goodman, C. (1947). Value and need as organizing factors in perception. Journal of Abnormal and Social Psychology, 42, 33–44.

Bungard, W. & Antoni, C. H. (1993). Gruppenorientierte Interventionstechniken. In: H. Schuler (Hrsg.), Lehrbuch Organisationspsychologie (S. 377–404). Bern: Huber.

Burnstein, E. (1982). Persuasion as argument processing. In: H. Brandstätter, J. H. Davis & G. Stocker-Kreichgauer (eds.), Group Decision Processes (pp. 103–124). London: Academic Press.

Christensen-Szalanski, J.J.J., & Willham, C.F. (1991). The hindsight bias: A meta-analysis. Organizational Behavior and Human Decision Processes, 48, 147–168.

Cohen, M. D., March, J. G. & Olsen, J. P. (1972). A garbage can model of organizational choice. Adminstrative Science Quaterly, 17, 163–177.

Cyert, R. M. & March, J. G. (1963). A Behavioral Theory of the Firm. Englewood Cliffs, New Jersey: Prentice-Hall.

Davis, J. D. (1973). Group decision and social interaction: A theory of social decision schemes. Psychological Review, 80, 97–125.

Diehl, M. & Stroebe, W. (1987). Productivity loss in brainstorming groups: Towards the solution of a riddle. Journal of Personality and Social Psychology, 53, 497–509.

DIN 69901 (1987). Projektwirtschaft. Berlin: Beuth.

Dörner, D. (1989). Die Logik des Misslingens. Strategisches Denken in komplexen Situationen. Reinbek bei Hamburg: Rowohlt.

Duncker, K. (1945). On problem solving. Psychological Monographs, 58 (Whole no. 270).

Emery, F. E. & Thorsrud, E. (1982). Industrielle Demokratie. Schriften zur Arbeitspsychologie (Hrsg. E. Ulich), Band 25. Bern: Huber.

Fischhoff, B. (1975). Hindsight ≠ foresight. The effect of outcome knowledge on judgment under uncertainty. Journal of Experimental Psychology: Human Perception and Performance, 1, 288–299.

Fischhoff, B. & Beyth, R. (1975). „I knew it would happen". Remembered probabilities of once-future things. Organizational Behavior and Human Performance, 13, 1–16.

Foreman, P. & Murnigham, J. K. (1996). Learning to avoid the winner's curse. Organizational Behavior and Human Decision Processes, 67, 170–180.

Gordon, J. R. (1996). Organizational Behavior: A Diagnostic Approach. Upper Saddle River, New Jersey: Prentice Hall.

Greenberg, J. (2002). Managing Behavior in Organizations (3rd edition). Upper Saddle River, New Jersey: Prentice Hall.

Greenberg, J. & Baron, R.A. (2000). Behavior in Organizations. Understanding and Managing the Human Side of Work (7th edition). Upper Saddle River, New Jersey: Prentice-Hall.

Gulowsen, J. (1972). A measure of work group autonomy. In: L. E. Davis & J. C. Taylor (eds.), *Design of Jobs* (pp. 374–390). Harmondsworth: Penguin.

Hackman, J. R. & Oldham, G. R. (1980). Work Redesign. Reading, Massachusetts: Addison-Wesley.

Hawkins, S. A. & Hastie, R. (1990). Hindsight: Biased judgments of past events after the outcomes are known. Psychological Bulletin, 107, 311–327.

Herkner, W. (1991). Lehrbuch Sozialpsychologie (4. Auflage). Bern: Huber.

Hölzl, E., Kirchler, E. & Rodler, C. (2002). Hindsight bias in economic expectations: I knew all along what I want to hear. Journal of Applied Psychology, 87, 437–443.

Janis, I. L. (1972). Victims of Groupthink. A Psychological Study of Foreign Policy Decisions and Fiascoes. Boston: Houghton Mifflin.

Janis, I. L. & Mann, L. (1977). Decision Making: A Psychological Analysis of Conflict, Choice and Commitment. New York: Free Press.

Johnson, V. (1992). The groupthink trap. Successful Meetings, 41, 145–146.

Jungermann, H., Pfister, H.-R. & Fischer, K. (1998). Die Psychologie der Entscheidung. Heidelberg: Spektrum.

Kahneman, D. & Tversky, A. (1973). On the psychology of prediction. Psychological Review, 80, 237–251.

Kahneman, D. & Tversky, A. (1979). Prospect theory: An analysis of decision under risk. Econometrica, 47, 263–291.

Kahneman, D. & Tversky, A. (1984). Choices, values, and frames. American Psychologist, 39, 341–350.

Kirchler, E. (1999). Wirtschaftspsychologie (2. Auflage). Göttingen: Hogrefe.

Kirchler, E. & Brandstätter, H. (1985). Verstärkungs- und Ausgleichsorientierung in kontroversen Diskussionen. Zeitschrift für Sozialpsychologie, 16, 36–47.

Kirchler, E. & Rodler, C. (2002). Motivation in Organisationen. Wien: WUV.

Kirchler, E., Rodler, C., Hölzl, E. & Meier, K. (2000). Liebe, Geld und Alltag. Entscheidungen in engen Beziehungen. Göttingen: Hogrefe.

Koopman, P. L., Broekhuijsen, J. W. & Wierdsma, A. F. M. (1998). Complex decision-making in organizations. In: P. J. D. Drenth, H. Thierry & C. J. de Wolff (eds.), *Handbook of Work and Organizational Psychology*. Volume 4: Organizational Psychology (pp. 357–386). Hove, East Sussex: Psychology Press.

Kühberger, A. (1994). Risiko und Unsicherheit: Zum Nutzen des Subjective Expected Utility-Modells. Psychologische Rundschau, 45, 3–23.

Lichtenstein, S., Slovic, P., Fischhoff, B., Layman, B. & Combs, B. (1978). Judged frequency of lethal events. Journal of Experimental Psychology, 4, 551–578.

Lindblom, C. E. (1959). The science of „muddling through". Public Administration Review, 19, 79–88.

Lindblom, C. E. (1979). Still muddling, not yet through. Public Administration Review, 39, 517–526.

Lipshitz, R. & Strauss, O. (1997). Coping with uncertainty: A naturalistic decision-making analysis. Organizational Behavior and Human Decision Processes, 69, 149–163.

Lorge, I. & Solomon, H. (1955). Two models of group behavior in the solution of eureka-type problems. Psychometrika, 20, 139–148.

March, J. G. & Romlaer, P. (1976). Position and presence in the drift of decisions. In: J. G. March & J. P. Olsen (eds.), *Ambiguity and Choice in Organizations*. Bergen: Universitetsforlaget.

March, J. G. & Shapira, Z. (1992). Behavioral decision theory and organizational decision theory. In: M. Zey (ed.), *Decision Making. Alternatives to Rational Choice Models*. Newbury Park: Sage.

Mauch, H. (1981). Werkstattzirkel. Wie Arbeiter und Meister an der Lösung betrieblicher Probleme beteiligt werden. Quickborn: Metaplan.

McGrath, J. E. (1984). Groups. Interaction and Performance. Englewood Cliffs, New Jersey: Prentice Hall.

Mikunda, C. (1997). Der verbotene Ort oder die inszenierte Verführung: Unwiderstehliches Marketing durch strategische Dramaturgie. Düsseldorf: ECON.

Moscovici, S. (1979). Sozialer Wandel durch Minoritäten. München: Urban & Schwarzenberg.

Nisbett, R. & Ross, L. (1980). Human Inferences: Strategies and Shortcomings of Social Judgement. Englewood Cliffs: Prentice-Hall.

Northcroft, G. B. & Neale, M. (1987). Experts, amateurs and real estate: An anchoring-and-adjustment perspective on property pricing decisions. Organizational Behavior and Human Decision Processes, 39, 84–97.

Orsburn, J. D., Moran, L. Musselwhite, E. & Zenger, J. H. (1990). Self-directed Work Teams: The New American Challenge. Homewood, Illinois: Business One Irwin.

Osborn, A. F. (1979). Applied Imagination: Principles and Procedures of Creative Thinking. New York: Scribness.

Owen, E. & Sweller, J. (1985). What do students learn while solving mathematics problems. Journal of Educational Psychology, 77, 272–284.

Paulus, P. B. (eds.), (1980). Psychology of Group Influence. New York: Lawrence Erlbaum.

Reason, J. (1992). Menschliches Versagen. Heidelberg: Spektrum.

Rice, A. K. (1958). Productivity and Social Organization: The Ahmedabad Experiment. London: Tavistock.

Robbins, S. P. (2001). Organizational Behavior. Concepts, Controversies and Applications (9th edition). Englewood Cliffs, New Jersey: Prentice Hall. [Deutsche Übersetzung: Organisation der Unternehmung. München: Pearson Studium]

Robertson, S. I. (2001). Problem Soving. Hove, East Sussex: Psychology Press.

Rodler, C. & Kirchler, E. (2002). Führung in Organisationen. Wien: WUV.

Rose, A. J., Mason, R. O. & Dicken, K. E. (1987). Strategic Management: A Methodological Approach. Reading, Massachusetts: Addison-Wesley.

Rumiati, R. & Bonini, N. (1996). Le Decisioni degli Esperti. Bologna: Il Mulino.

Shubik, M. (1971). The dollar auction game: A paradoxin noncooperative behavior and excalation. Journal of Conflict Resolution, 15, 109–111.

Simon, H. A. (1957). Models of Man. New York: Wiley.

Simon, H. A. (1960). The New Science of Management Decision. New York: Harper.

Soelberg, P. O. (1967). Unprogrammed decision making. Industrial Management Review, 20, 19–29.

Stroebe, W. (1985). Group products as public goods. An economic theory of group productivity. In: H. Brandstätter & E. Kirchler (eds.), *Economic Psychology* (pp. 171–185). Linz: Trauner.

Thaler, R. H. (1985). Mental accounting and consumer choice. Marketing Science, 4, 199–214.

Thaler, R. H. (1991). Quasi Rational Economics. New York: Sage.

Thaler, R. H. (1992). The Winner's Curse: Paradoxes and Anomalies of Economic Life. New York: Macmillan.

Thibaut, H. W. & Kelley, H. H. (1959). The Social Psychology of Groups. New York: Holt, Rinehart & Winston.

Thomae, H. (1960). Der Mensch in der Entscheidung. München: Barth.

Tosi, H. L., Mero, N. P. & Rizzo, J. R. (2000). Managing Organizational Behavior (4th edition). Malden, Massachusetts: Blackwell.

Tuckman, B.W. (1965). Development sequence in small companies. Group and Organizational Studies, 2, 419–427.

Tversky, A. & Kahneman, D. (1974). Judgment under uncertainty: Heuristics and biases. Science, 185, 1124–1131.

Tversky, A. & Kahneman, D. (1992). Advances in prospect theory: Cumulative representation of uncertainty. Journal of Risk and Uncertainty, 5, 297–323.

Ulich, E. (2001). Arbeitspsychologie (5. Auflage). Stuttgart: Schäffer-Pöschel.

von Rosenstiel, L. (1992). Grundlagen der Organisationspsychologie: Basiswissen und Anwendungshinweise (3. Auflage). Stuttgart: Poeschel.

von Rosenstiel, L. (1993). Kommunikation und Führung in Arbeitsgruppen. In: H. Schuler (Hrsg.), *Lehrbuch Organisationspsychologie* (S. 321–351). Bern: Huber.

Weinert, A. B. (1998). Organisationspsychologie. Ein Lehrbuch. Weinheim: Psychologische Verlags Union.

Weinstein, N.D. (1980). Unrealistic optimism about future life events. Journal of Personality and Social Psychology, 5, 806–820.

Wilke, H. & van Knippenberg, E. (1988). Gruppenleistung. In: W. Stroebe, M. Hewstone, & G. M. Stephenson (Hrsg.), *Sozialpsychologie. Eine Einführung* (S. 455–502). Berlin: Springer.

Wilson, A. T. M. & Trist, E. L. (1951). The Bolsover System of Continuous Mining. Tavistock Institute of Human Relations. Document No. 290.

Wissenschaftlicher Rat der Dudenredaktion (Hrsg.) (1990). Duden Fremdwörterbuch. Duden (Band 5). Mannheim: Meyers Lexikonverlag.

Wiswede, G. (2000). Einführung in die Wirtschaftspsychologie. München: UTB, Reinhardt.

Wood, G. (1978). The Knew-It-All-Along Effect. Journal of Experimental Psychology: Human Perception and Performance, 4, 345–353.

Yetton, P. W. & Bottger, P. C. (1983). The relationships amongst group size, member ability, social decision schemes, and performance. Organizational Behavior and Human Performance, 32, 145–159.

Zajonc, R. B. (1965). Social facilitation. Science, March, 269–274.

Zimbardo, P. G. (1988). Psychologie. Berlin: Springer.

Anhang: Lösungsschritte beim "Turm von Hanoi"

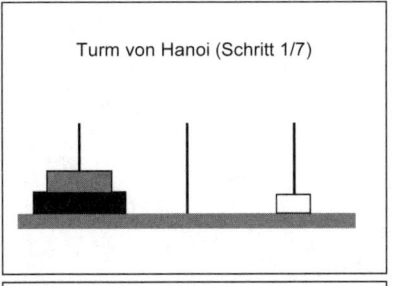

Turm von Hanoi (Schritt 1/7)

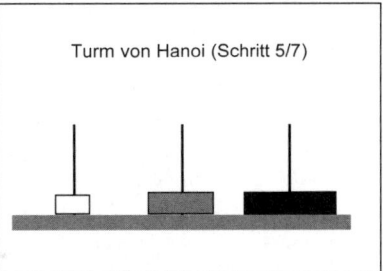

Turm von Hanoi (Schritt 5/7)

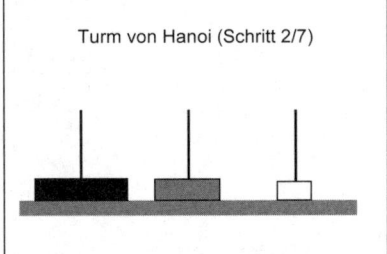

Turm von Hanoi (Schritt 2/7)

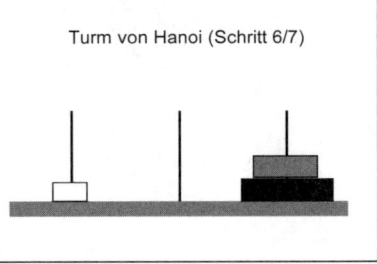

Turm von Hanoi (Schritt 6/7)

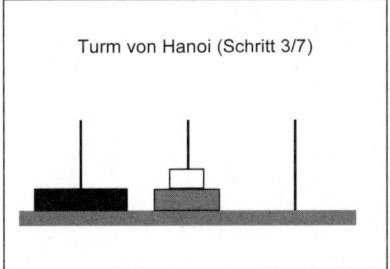

Turm von Hanoi (Schritt 3/7)

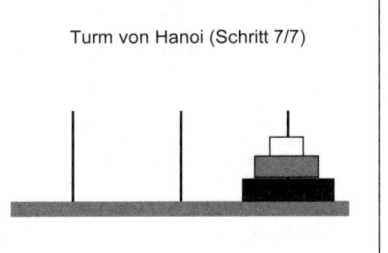

Turm von Hanoi (Schritt 7/7)

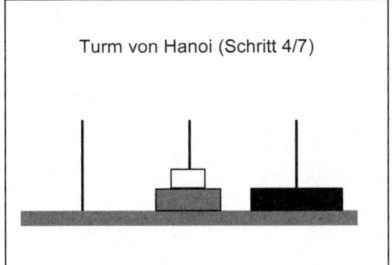

Turm von Hanoi (Schritt 4/7)